中国通史经典故事

【春秋】

云飞扬 主编

吉林出版集团
北方妇女儿童出版社

图书在版编目（CIP）数据

中国通史故事系列丛书. 春秋 / 云飞扬主编. 一长
春：北方妇女儿童出版社，2010.12
ISBN 978-7-5385-5211-9

Ⅰ. ①中… Ⅱ. ①云… Ⅲ. ①中国—古代史—春秋时
代—青少年读物 Ⅳ. ①K209

中国版本图书馆 CIP 数据核字（2010）第 238300 号

中国通史经典故事

春 秋

主　编	云飞扬
出 版 人	李文学
责任编辑	孙　发
图文编排	李　婷　刘　俊
开　本	787mm×1092mm　16 开
印　张	10
版　次	2011 年 1 月第 1 版
印　次	2016 年 5 月第 4 次印刷
出　　版	吉林出版集团　北方妇女儿童出版社
发　行	北方妇女儿童出版社
地　址	长春市人民大街 4646 号
	邮编：130021
电　话	编辑部：0431-86037964
	发行科：0431-85640624
网　址	http://www.bfes.cn
印　刷	三河市燕春印务有限公司

ISBN 978-7-5385-5211-9　　　　定价：39.80 元

春秋时期自公元前 770 年周平王东迁开始,至公元前 453 年韩、赵、魏三家分晋结束。因这一时期与孔子修订《春秋》的时间大体一致,故得名春秋。

春秋第一页,经历了 250 余年一统华夏的繁荣,曾号称诸侯满天下的西周,彼时就剩下寥若辰星的数十个诸侯国。周王室无力号令天下,面对诸侯横行,戎狄入侵,周平王自镐京迁都至洛邑。周朝开启东周的新篇章,从此王室名存实亡,诸侯间烽烟四起。

贯穿春秋历史的主线,是五霸的相继崛起。在春秋的历史天空下,争斗与结盟,分裂与复合常常在大国与小国、强国与弱国之间循环上演。这其中既有强强联合,也有强吞弱并,从齐桓公的"尊王攘夷"首先称雄到宋襄公的仁义之师,从晋文公的"勤王之政"到秦穆公的称霸西戎,从楚庄工的奋发突起到吴越间的你争我斗,战争从未间断,合盟也时有发生。

尽管战争阴云密布,但透过阴霾,我们依然能看到一些让我们感动于祖先的事。有人说,看历史,看古人的智慧计谋,他们勾心斗角起来让你胆战心寒,可在忠君爱国上的忠与直,却让人感慨他们如此可敬。《中国通史经典故事·春秋》精选了这一时期的部分经典故事,编者期望通过此书和您共同聆听来自春秋的历史回音。

目录

中国通史经典故事

中国通史经典故事

周平王东迁 ▶▶▶

№ 001

周平王东迁是东周开始的标志，也是东周时期的第一阶段，即春秋时代的上限时间。公元前 770 年，周平王在秦襄公、卫武侯等诸侯武装护送下，自镐京（今陕西长安区西北沣河东）迁都至洛邑（今河南洛阳），希望能借助此次迁都，得到强大的晋、郑等诸侯的扶持。周平王迁都事件，开启了东周时代的第一页。

西周末年，社会矛盾异常尖锐。一方面，王室内部斗争激烈；另一方面，戎狄的不断入侵，也让周王朝应接不暇。公元前 781 年前后，周幽王即位。这位西周最后一位国君在位期间，宠溺妃子褒姒，不仅用烽火戏弄诸侯以博妃子一笑，且不顾众臣反对，一意孤行废除申后的儿子宜臼，而立褒姒之子伯服为继承人。褒姒是褒国姒姓的女儿，申后是申侯的女儿，申侯是姜姓，由此就引发了姒姓和姜姓间的矛盾，为西周灭亡埋下了隐患。周幽王这一废嫡立庶的做法，也极大违背了周王朝以礼乐伦常为准则的一

⊙ 春秋铜方壶（前 770 年—前 476 年）。通高 67.1 厘米，1997 年出土于河南省新郑市郑韩故城东周遗址。

【中国历史知识小词典】

成周 >>

公元前 720 年，周平王去世，葬于洛阳。公元前 516 年周敬王即位，因王城内敬王次子姬朝势力强大，敬王被迫迁居到过去殷民居住的地方。公元前 510 年，晋国率诸侯为敬王修新城，此后周天子即居于新都。新都沿用成周之名，旧都被称为王城。周赧王时，周王才迁回王城旧都。

贯传统，引起了统治集团内部强烈反对。

公元前 771 年，申侯抓住周幽王废嫡立庶的机会起兵发难，联合缯、犬戎等夷族势力，攻破西周都城镐京。在骊山杀了周幽王，立宜臼为王，是为周平王，西周由此宣告灭亡。经过这次兵变，镐京城内狼藉一片，王宫内室也都残破不堪。加之镐京因濒临西北游牧部落，遭到西陲边境少数民族武装多次侵犯；另外，由于周宣王末年，西北关中一带连年干旱，洛、泾、渭等主要河流大川干涸，农业生产受到严重影响；同时，岐山地区又发生了地震等自然灾害，百姓生活受到很大威胁。周太史根据占卜，认为这是周朝将要灭亡的预兆。基于上述

因素的考虑，周平王决定迁都洛邑，以得到晋、郑等诸侯的扶持。

公元前 770 年，秦、卫、晋、郑等诸侯护送周平王迁都洛邑。

洛邑又称成周，它是周武王当年于牧野之战东征灭商后，回师途中选中用于建设新都的地址。洛邑位于伊水、洛水一带的夏人故地，周武王决定将殷人的残余势力集中在此，以加强地处西方以丰镐为中心的周人对其的控制。武王计划好以后，未能等到新城开始动工，就去世了。

后来，武王的弟弟周公接手了营建新城的重任，经历了约一年时间，这座新都基本建成。周公将殷人迁移至此，并驻扎军队进行监视。在西周王朝统治期间，洛邑作为西周的东都，或者叫陪都，其地位也相当重要，但相比镐京，还是次之。直到周平王迁都至此，洛邑方成为全国的政治、经济、文化中心的国都。

由于周平王是弑父夺位，因而为尊崇礼制的各诸侯所轻视，周天子在诸侯间的威望一落千丈；而这一时期的周王室更加衰弱，诸侯势力却越来越强，东周从一开始就呈现出王室衰微的趋势。

虽然已经离开了镐京，但周天子的安宁日子并没有多少。王城洛邑仍然时常受到戎狄的侵扰，在戎狄的蚕食下，周平王对京畿之地的控制范围日渐缩小，最后沦落到仅剩下今洛阳城附近的地盘。与此同时，周天子也逐渐丧失了控制诸侯

周平王的父亲周幽王荒淫无道，用烽火戏弄诸侯以博妃子一笑，结果落得国破身亡，葬送了西周的大好基业。

的权力和直接掌控的军事力量。尽管周王室已趋近日落西山，但周天子仍以"天下共主"的名义，对诸侯拥有一定的号召力。一些地方上的诸侯，因其经济和武装力量的发展强大起来之后，开始谋求政治上的利益。他们打着王室的旗号，"挟天子以令诸侯"，为自己争取更大的政治好处。

正是在这样的背景下，公元前 367 年前后，东周王室内部因权力争夺，分裂成东、西两个部分，成为与各国平等的诸侯之一。

郑庄公掘地见母 ▶▶▶

№ 002

郑国是东周时期春秋之初的诸侯国之一，公元前722年左右，郑国发生了叔段之乱。郑国君侯郑武公娶武姜为妻，武姜生下后来的郑庄公寤生以及他的弟弟叔段二人。因为生庄公时难产，武姜对寤生很是厌恶，对叔段却是百般宠爱。为此，武姜甚至向郑武公请求立叔段为继承人，被郑武公拒绝。武姜一计不成，又扶持叔段意欲谋夺庄公之位，由此激发了她与庄公之间的矛盾。

《左传·隐公元年》记载：郑庄公有弟兄二人，母亲武姜因生庄公时难产而对他心生厌恶，取名"寤生"。相反，对其弟弟叔段却百般宠爱。按照古制，立长子继承爵位是顺理成章的事。但武姜因为偏爱次子，在寤生得到王位之前，就劝郑武公立叔段为王位继承人，郑武公没有同意。寤生即位后是为庄公，武姜更加心怀不满，想尽办法为叔段扶植势力，以便取代庄公。

武姜替叔段请求庄公，想要制邑（今郑州上街）作为封地，庄公不同意；武姜于是又请庄公把叔段封到京襄城（今荥阳）。庄公以为武姜会替叔段选一个富庶之地，没想到她会提出这样一个地方，于是答应了她。此时，庄公已经有所警觉。

叔段到京襄城后，自称京城太叔，四处招兵买马、修筑城墙，明眼之人都看得出他是要筹划谋反。郑国卿士祭足赶紧把这一情况告诉了庄公，庄公却说："只要我母亲武姜愿意，只要她感到高兴就好，这些事就不要去管它了。"祭仲（另作祭足）着急地说："话虽如此，可是武姜没有满足的时候，依微臣之见，不如早点把他们妥善安置起来，不然等叔段翅膀长硬，就很难对付了。"庄公颇不在乎地说："多行不义必自毙，你不用着急，我倒是还想看看他们能有什么好计谋呢！"原来，庄公早已想好了对付他们的法子。

大约公元前722年，叔段以为时机成熟，就和母亲商量谋反日期。武姜随

🔴 春秋青铜尊，高21厘米，口径15.5厘米。全身以蚕桑纹装饰，反映了当时蚕的培育已进入了桑林放养阶段。

即回信给叔段，让他即刻起兵，自己做为内应相策。叔段母子怎么也想不到，他们的秘密通信会在半途上被郑庄公截获。拿到叔段谋反的确凿证据后，郑庄公立即派公孙吕率兵包围了京襄城，杀了叔段一个措手不及。

叔段来不及组织反抗，仓皇逃至鄢陵，后因庄公追杀而被迫逃到共城（今河南辉县），最后实在走投无路，叔段自杀身亡。其子公孙滑在向卫国借兵途中闻讯，痛哭不已，又害怕郑庄公追查下来，于是逃亡卫国，请卫国出兵伐郑。卫桓公发兵之际，郑庄公一面派人送来密信，将叔段事件前后据实相告；另一面也整顿兵力，随时准备出征。卫桓公慑于郑国之威，不敢妄自行动，遂与郑国修好。

经过这场叛乱，郑庄公对母亲愈加不满，宣称自己和武姜不到黄泉不见面，并把武姜送到颍地（今登封颍阳）居住。时间不长，庄公心有悔意。有一天，他设宴招待管理颍地的官员颍考叔，颍考叔便借机劝他们母子和解。

郑庄公和祭仲商议国是

用餐时，颍考叔有意把一些好吃的东西偷偷藏到自己的袖子里。郑庄公感到奇怪，问："你这是干什么呢？"颍考叔说："我的老母亲生活在乡下，从来没有吃过君主赐的饭食，我想给她带一些回去，以表我的一片孝心。"

郑庄公有感而发，便向他倾诉了自己与母亲武姜因关系破裂造成的烦恼。颍考叔说："这好办，我们可以掘地道至黄泉，筑成甬道和庭室，这样您就可以见到您的母后了。"庄公也觉得这个方法不错，就委托颍考叔认真办理此事。颍考叔离开后迅速行动，组织人力在京襄城很快挖成了一个地道，一直挖到泉水涌现（地下水），接着他把郑庄公和武姜一同请到地道里见面。郑庄公母子二人见面后抱头痛哭，从此尽释前嫌。

郑庄公和母亲和好后，对自己兄弟相残一事颇有悔意。多年之后，郑厉公即位，叔段之孙公父定叔仍流亡在卫国。郑厉公说，不可使得叔段在郑国无后，于是遣人将公父定叔接回郑国。

【中国历史知识小词典】

郑国

公元前841年，周厉王因其昏庸无道，终于引发了"国人暴动"。次年，周厉王驾崩，次子姬静即位，是为周宣王。周宣王用心治国，使周王朝出现短暂的中兴时代；之后，周宣王也开始分封诸侯，并将自己的弟弟友分封到京畿棫林（今陕西华县）一带，封号为郑伯，谥号桓公，这就是郑国的由来。

周郑交恶 ▶▶▶

№ 003

周平王迁都洛邑后，曾先后任用郑武公、郑庄公在周王室担任官职。郑武公自恃强大，丝毫不把周王室放在眼里。周平王担心郑侯权势太大，架空王权，于是又以虢公为卿士，分散其权力。郑庄公因此怨恨周王，周王慑于郑国压力，又以王子狐入郑为人质，郑庄公则以世子忽入周为质。周平王去世后，周王室欲以虢公取代郑庄公。庄公不满，周、郑由此交恶。

郑庄公的祖父郑桓公曾经是周朝朝廷的司徒，父亲郑武公也在周平王时出任卿士。郑庄公继承父亲的郑国君位时，一并继承了卿士职位。周平王迁都洛邑后，周王室日益衰微，不得不依附于同姓诸侯，以求支持。当时，郑国是最强的诸侯国之一。郑国也因为护王有功，在诸侯间声威赫赫，其势渐长。周平王担心郑国长此下去，早晚会有狼子野心，于是有意宠信并大力提拔虢公，希望借此削弱郑庄公的权力。

郑庄公颇有心计，在洛邑担任卿士期间，常常假公济私，不但私自减少郑国该向周王室缴纳的赋税，甚至还偷运诸侯向王室朝贡之物前往郑国。天子对外征伐时，他把郑国的军队放在后面，以保实力。其做法引起各诸侯不满，周天子也因其不如其祖父、父亲而渐渐疏远了他。郑庄公看出周平王的意图，愤恨不已，亲自去质问周天子有何意图。周平王惧于郑国之势，战战兢兢矢口否认。郑庄公不相信，但也没有办法，便胁迫周天子交换人质，以备不测。

周王室迫于郑国压力，派王子狐入郑为人质；郑国遂派世子忽入周为质，史称"周郑交质"。公元前720年，周平王去世，不久，周王室就商议如何谋夺郑庄公的权力，交予虢公掌管大权。郑庄公闻讯，怒不可遏，随即采

🐎 郑武公是郑庄公的父亲，在周平王时出任卿士。郑庄公继承父亲的郑国君位时，一并继承了卿士职位。

🌸 春秋时期的凤纹尊

取报复行动。公元前 719 年，他先是派大夫祭仲率领军队，毁坏了周王室属地温邑（今河南温县以南）尚未成熟的麦子；同年秋季，又抢先收割了洛邑郊野的庄稼。郑庄公的这一报复行为，让周王室与郑国的关系进一步恶化。

周平王死后，周桓王即位。公元前 717 年，郑庄公入朝参拜周天子。周桓王因为郑庄公擅自割取京畿麦子而迁怒于庄公，郑庄公对此很是不满。公元前 716 年，郑庄公先斩后奏，私下和鲁国交换领地。周桓王盛怒之下，收回郑庄公士卿之职，予以虢公，实现周平王生前"分权于虢公"的未竟之志。

根据西周律法"普天之下，莫非王土"的规定，周天子随时有收回诸侯土地的权力。公元前 712 年左右，周桓王欲收回郑国多处封地。但彼时的王室大权旁落，周天子的威仪早已名不副实，根本无力收回土地，无奈之下，周王室只好以卿大夫苏氏在今河南沁阳、温县一带的十二邑作为交换条件，收回郑国的几处封地。

周天子的退让和妥协，助长了郑庄公的嚣张气焰，郑国对他更不尊重，从此不再朝见周王。郑国与周王室之间的矛盾，最终演变到了不可调和的程度。公元前 707 年前后，周天子发动虢、卫、蔡、陈四国出兵伐郑，由此爆发缥葛之战，结果四国联军大败而归。

缥葛之战让周天子声威扫地，郑庄公声名鹊起。其实早从公元前 717 年起，庄公就开始为壮大实力展开一系列攻伐之战。公元前 717 年，庄公率军攻打陈国；公元前 714 年，庄公又以宋殇公不去朝见周天子为由，率兵伐宋；同年，又大败北方的犬戎；公元前 712 年，庄公攻打许国，致许庄公仓皇出逃。这些战争为郑国赢得了土地与财富，同时也使郑国的影响力扩大到了更大范围。

公元前 701 年左右，郑庄公与齐、卫、宋等诸侯强国结盟，由此确立了郑国在春秋初年的霸主地位。郑国在春秋争霸中的脱颖而出，吹响了春秋争霸的号角，也使郑庄公成为这一时期一位颇有声色的政治家，后世史学界称之为"郑庄小霸"。

【中国历史知识小词典】

郑国大迁徙

公元前 782 年前后，周宣王辞世，周王室立其子宫涅为王，是为周幽王。周幽王昏庸无道，郑桓公身为周王室司徒，为此深感忧虑。公元前 779 年前后，郑桓公在太史令史伯建议下，将封国迁移到中原（今河南郑州一带），并建立了新都，取名新郑（今河南郑州新郑）。郑国的诞生，使得中原大地得到进一步开发，郑国也因此成为春秋早期最强大的诸侯国之一。

乱臣贼子州吁 ▶▶▶

公元前719年前后，卫国发生了一件大事。卫庄公之子、卫桓公同父异母的弟弟州吁弑兄即位。州吁自立为国君后，穷兵黩武，因而很不得民心。州吁让朋友石厚向其父亲石碏求助。石碏将计就计，诱骗州吁和石厚到陈国，借助陈侯之力，击杀了州吁。因为自己的儿子石厚也参与了弑君之事，所以石碏大义灭亲，把石厚也杀了。

中国通史经典故事

卫武公在位时，给自己的儿子卫庄公娶了齐国太子得臣的妹妹庄姜为妻。庄姜貌美贤淑却不能生育，卫庄公又娶陈国女子厉妫，生子孝伯，不幸的是，孝伯自幼夭折。厉妫嫁到卫国时，她的妹妹戴妫也陪嫁到卫国。戴妫为卫庄公生下二子，大的叫完，小的叫晋。庄姜非常喜欢完，就将他收在自己身边抚养，并把自己的一名宫女献给卫庄公，生下另一个男孩叫州吁。

州吁为人骄横，因喜欢舞刀弄棒，谈论兵法而受卫庄公溺爱。大臣石碏多次劝说和提醒卫庄公，认为州吁的个性，如果不能加以约束，很可能会在日后造成祸端，但卫庄公充耳不闻。

卫庄公去世后，长子即位，是为卫桓公。而州吁作为卫国的公子，依然不

石碏因为自己的儿子石厚也参与了弑君之事，他大义灭亲，诛杀了石厚。上图为卫国大夫石碏。

改骄纵蛮横的性格，照旧横行霸道、胡作非为。卫桓公胆小懦弱，虽然看不惯州吁的作为，但却很少说他，让他放任自流。州吁因为卫桓公对自己不好，心怀恨意，杀了卫桓公，自立为卫国君侯，并对外宣称桓公暴病身亡。卫公子晋听说州吁谋害了卫桓公，逃到了邢国。州吁弑兄夺位的行为让卫国百姓对其深恶痛绝，加之他一贯的残忍，民心尽失。

为了转移矛盾，州吁在石厚的建议下，借口洗雪卫桓公因叔段叛乱事件而

向郑国服罪之耻辱，对郑国出兵。公元前719年前后，卫国联合宋、鲁、蔡、陈四国攻打郑国。联军在郑国东门外安营扎寨，围困数天，只有卫国战意坚决，其余诸国都袖手旁观，甚至有撤兵迹象。州吁和石厚商议，随即由石厚出营挑战。郑国大将公子吕迎战石厚，几个回合后，公子吕败逃。石厚自以为大胜，命士兵收割了新郑城外的庄稼，随后下令撤兵。州吁不解，石厚解释说，打败了郑国，已经足以树立声威。但如果战事持久，恐怕国内另起事端，所以见机行事，班师回国。州吁大悟，二人当即撤兵。

州吁和石厚回国后，卫国百姓对他们的态度丝毫没有改变。州吁为了安定和笼络卫国民心，让石厚向石碏请教。石厚是石碏之子，因为他经常和州吁一起鬼混，常常被石碏责骂。后来他干脆离家出走，和州吁住到一起。石碏知道后，没有办法，便辞去职位，告老还乡。

石碏早已痛恨州吁、石厚两人的所作所为，当石厚向自己求教如何才能巩固州吁王位时，石碏将计就计，设好一个圈套，让他们自投罗网。石碏告诉石厚说："州吁如果想要保住王位，除非得到周天子的承认，这样一来，有了合法地位，他的王位名正言顺，自然就不会有那么多的非议了。"石厚问父亲："那如何才能见到周天子呢？"石碏说："如

今，陈国的陈桓侯深受周天子宠信。而卫国正与陈国交好，如果州吁能亲自去拜访陈桓侯，桓侯一定很高兴。他高兴了，自然愿意替你们引见，而且还会在周天子跟前多说几句好话，这样州吁的问题也就解决了。"石厚听了父亲的主意，高兴地回去告诉州吁。州吁大喜，随即决定二人一同前往陈国，拜见陈桓侯。

石厚前脚刚离开，石碏后脚就派了密使迅速赶往陈国，捎去自己的亲笔书信。陈桓侯打开一看，石碏在信中说："卫国不过是一区区小国，我石碏不忍看着卫国的百姓为州吁所苦所累。州吁和石厚两人杀了我的国君，我已年过七旬，心有余而力不足，所以希望借您之手，恳请您帮助卫国除掉这两个祸国殃民之人。"陈桓侯收好石碏的信，对密使说："我已经知道了，请你回去转告你家主人，我会按照他的意思行事。"

州吁和石厚二人兴冲冲地来到陈国，完全没想到等待他们的正是一个设计好的圈套。陈桓侯逮捕了这两人后，没有杀他们，而请卫国自行处理。

在陈国的帮助下，卫国终于除掉了这两个祸害。后来，他们把躲在邢国的公子晋迎回国，是为卫宣公。

暗箭伤人 ▶▶▶

№ 005 ●

周平王东迁后，周王室势力衰微。郑武公、晋文侯因助平王东迁有功，成为周王室倚重的左右卿大臣，进而掌控了政治大权。到郑庄公时期，郑庄公打着维护周王室的旗帜，四处征讨齐、鲁、宋、卫、陈、蔡等诸侯国。周王室敢怒不敢言，郑庄公因此独揽王室大权。在郑国攻伐许国的战斗中，老将颍考叔和年轻将领公孙子都争功，结果颍考叔被子都暗箭射亡。

春秋初年，晋有内乱，楚国势力尚未伸展到中原，洛邑以东地区的诸侯中以宋、卫、齐、鲁、陈、蔡、郑为最强。郑国在郑桓公时期，就以商奴经商获取了丰厚的盈利，由此打下坚实的经济基础；郑桓公又是周宣王的胞弟，作为周王室宗亲，郑国有着独一无二的政治资本；再加上郑国所处的有利位置和郑桓公以来历代国君的大力作为，郑国取得了在春秋各诸侯国中更具优势的经济、政治条件，因而首先跃上了春秋时期列国争霸的历史舞台。

除了身为周王室士卿，郑伯还挟天子以令诸侯，攻打阻碍自己实现政治野心、称霸天下的其他诸侯国。周平王时期，郑武公先后灭掉了东虢、郐国，又攻打鄢国和胡国，夺取卫国大片土地，其野心昭然于天下。但周平王因倚仗郑国护佑王室，对卫武公的屡次进谏不予采纳。

从郑武公到郑庄公，两代君侯不顾王命，自行兼并，扩张领土，使得原本位于周天子脚下，几无立锥之地的郑国，迅速成为春秋初期的强国之一。

郑庄公即位后，天下诸侯效仿郑国，诸侯兼并已成定局。当时的局势是郑国与宋国相近，双方又势均力敌，因而郑庄公采取了远交齐、鲁，近攻宋、卫的策略；宋国也常常联合卫、陈、蔡，共同敌郑，但多为郑国所败。郑国在几次胜利中声威大振，齐、鲁两国听从了它的指挥，宋国归服之后不久，卫国也来讲和，郑庄公成了春秋初年的霸主。

公元前712年前后，郑庄公得到鲁国和齐国的支持，计划讨伐许国。许国

🔴 春秋彩绘陶簋。簋是古代用来盛装稻、粟等物的食器。

是春秋时期一个小国，早在西周灭商后，周成王大封诸侯时，就成为被分封到商朝旧地的姜姓诸侯国之一。许国的都城在今河南许昌，包括今许昌县、临颍县和鄢陵县西南等广大区域。许国因为处于中原要冲，交通要道，有着无与伦比的地理优势，因而也成为春秋早期诸侯争霸首先觊觎的对象。

公孙子都因与颍考叔争功，趁人不备，暗放冷箭，杀了颍考叔。传说，子都因为害人心虚，最终死于非命。

征讨许国之前，郑庄公在宫前检阅部队，发派兵车。老将颍考叔和青年将军公孙子都，为了争夺兵车争吵起来。颍考叔年纪虽大，身手依然敏捷，他一手扛起大旗，一手驾辕，驱赶兵车转身就跑。公孙子都是郑武公的孙子、郑庄公的侄儿，公族中人，深得郑庄公喜爱。他长得英气逼人，气宇不凡，连孟子都说他："不知子都之姣者，无目者也。"公孙子都素来恃宠骄横，瞧不起颍考叔，自不相让，拔起长戟飞奔追去。等他追上

大路，颍考叔早已不见了人影。公孙子都怒气冲冲回到营地，从此对颍考叔怀恨在心。这二人的举动引来众兵士议论纷纷，大家都说他们目无军纪，迟早会酿成大祸。

这年七月间，郑、齐、鲁三军同抵许国城下，郑庄公一声令下，众将士冲向许国城门，奋勇杀敌。攻城的时候，颍考叔奋勇当先，第一个登上城头。公孙子都年轻气盛，哪能容得别人抢了头功，心中妒火愈旺。他眼明手快，抽出箭来，对准颍考叔的后心就是一箭。颍考叔未料被自己人重伤，一个跟斗从城头摔了下来。当时双方交战正酣，一片混乱；另一位将军瑕叔盈以为颍考叔是被许国兵杀死的，大怒，随即高举大旗，令士兵全力攻城。

许国的城池终被攻下，许国国君许庄公逃亡到了卫国，郑国由此得到了许国土地。

【中国历史知识小词典】

许国 >>

历史上，许国在诸强国之间委曲求全，曾被迫多次迁徙。如公元前576年前后，许灵公曾南迁叶地；大约公元前534年，许悼公迁国"城父"；公元前538年许国又迁往荆，约十年后，重又回到叶地；公元前506年再次迁到"容城"。战国初期，许被楚所灭。灭国后，许国人迁移到中原及江南地区，以国为氏，称许氏，这成为许姓的一个主要来源。

中国通史经典故事

繻葛之战 ▶▶▶

№ 006

周平王在位时，为削弱郑庄公在朝中的势力，便以虢公为卿士，希望其与郑庄公互相牵制。郑庄公对此很是不满，却也无可奈何，便以交换人质为由，使周平王送王子狐入新郑，郑庄公则以世子忽入洛邑为质。周平王去世后，王子狐因悲痛过度，随其而去。周王室遂扶持王子狐的儿子姬林继承王位，是为周桓王。周桓王忌恨郑庄公，发动繻葛之战伐郑。

公元前 720 年，周平王去世。主持朝政的虢公和周公黑肩派使臣前往新郑报丧，并要郑庄公护送王子狐回洛邑奔丧。王子狐闻讯悲痛不已，郑庄公要想再留住人质显然已不可能，只好奉命送王子狐回洛邑，同时想借机探听一下朝中的动静。

王子狐回到洛邑，因悲痛过度，竟然哭死在周平王灵前。随后，周王室扶持其长子姬林登上王位，是为周桓王。周桓王因父亲姬狐入郑为质而致死，迁怒于郑庄公，让他回封地安心养老，同时

大力重用虢公和周公黑肩。

郑庄公群臣为此忿忿不平，后来，郑庄公借天子名义伐宋，击败了宋、卫、蔡三国军队，又夺戴城，为宋国确立新君。接着攻打不听话的郕国、许国，因其与齐国有"石门之盟"在先，攻郕国有齐国相助，于是郑庄公将郕地送给齐国，将许国划入郑国版图。

郑庄公在诸侯间声望日高，未想，周天子给了他一记棒喝。原来周桓王闻听郑庄公的所作所为，免了郑庄公的职。郑庄公气得浑身打颤，大将祝聃说："周天子如此对待郑侯，如果我们忍辱负重，势必为各诸侯轻视。如今，天子人微言轻，

◉ 春秋青铜簋

各诸侯早已不把天子放在眼里。事已至此，干脆就此做一个不恭顺的诸侯罢了。从此以后，您不再入朝纳贡，对周天子来个不管不问如何？"此话正合郑庄公的心意。

郑庄公从此果真不再对周天子缴纳贡赋。周桓王害怕各诸侯效仿郑庄公，宣称出兵伐郑，得到与郑国有新仇旧恨的卫、蔡、陈诸国的支持。

● 苏州盘门。始建于春秋吴王阖闾元年（公元 514 年）。后又重建，设有水、陆门，陆门可通车，水门可行船，是苏州仅存的古城门遗迹。

周桓王把卫、蔡、陈等诸国联军和王室自己的军队，整编成三军，自己亲率中军，虢公带领右军，周公黑肩带领左军，浩浩荡荡开往郑国都城新郑。大军一直进发到繻葛（今河南长葛一带）方停下安营扎寨，周桓王随即派人前往新郑向郑庄公下战书。

闻天子大军来伐，大夫祭仲建议见好就收，向天子赔罪，以保郑国。郑庄公正在气头上，听了这话，颇为震怒。大夫高渠弥认为先不出兵，可从长计议，或战或和，见机行事，也未得庄公首肯。公子元献"鱼丽之阵"以破周天子大军，郑庄公闻听大喜，随即出兵迎战。

周桓王坐镇三军，将自己的御辇引至阵前，想当面指责郑庄公不朝之罪。但郑军摆出的阵形，统率的战车并不在阵前，桓王命人骂战，庄公拒不回应。等周天子骂累了，王师倦怠之际，郑国大军突然喊声如雷，从左右阵营迅速杀出。

郑军先是攻击王师左军，左军由陈国军队和周兵组成，陈军不堪一击，溃逃时还将周公黑肩所率的周兵冲撞得东倒西歪，寸步难行，周公黑肩指挥军队艰难撤退；另一边，祭仲率军攻打右军。右军的卫、蔡军队也和陈军一样，不战即溃，被祭仲杀得落荒而逃。右军的周兵幸而有虢公临危不乱，指挥有度，得以缓慢后退，损失较小。左右军败逃之际，郑军又掉头包围了周天子所在的中军，杀得周天子的军队人仰马翻。周桓王随即下令撤退，并亲自断后。

郑国大将祝聃冲锋在前，看准周天子的坐辇，一箭射去，正中周桓王左肩。幸好周王战甲坚厚，未有大恙。祝聃驱车再追，虢公前来救驾，而此时，郑国大军也见机鸣金收兵。

繻葛一战，以郑伯大获全胜告终，这一仗也由此拉开了春秋列国争雄的序幕。

屈瑕趾高气扬 ▶ ▶ ▶

№ 007

西周晚期，楚国逐渐强大，独霸汉水流域。周平王东迁后，楚君熊通自立为王，号称楚武王。楚武王为了摆脱对周王室的臣服，继续做与周王室分庭抗礼的准备，并展开了大规模扩张疆域的行动，将矛头指向中原。要想得到中原之地，楚国必须先突破周王室"汉阳诸姬"的防线，为此，楚武王以屈瑕为大将，多次出兵，展开对汉江流域诸侯的征伐。

楚国的势力遍及汉江，扩展到长江流域之后，为了向外发展，楚君熊通发出了"王不立我，我自立耳！"的豪言壮语，开诸侯僭越之先河，率先称王。楚武王即位后，将目标对准了汉江以东诸国，意欲消灭汉江流域的"汉阳诸姬"。

公元前 703 年，楚武王先遣大将鬭廉攻打邓国；公元前 701 年，又遣屈瑕、鬭廉领兵东行，攻伐贰、轸两国。

屈瑕是春秋楚国贵族屈氏之祖，大诗人屈原的祖先，楚武王之子、楚文王赀、公子元的兄弟。

公元前 701 年春季，屈瑕率军大败贰、轸两国，强迫两国与楚国签订盟约。贰、轸两国的邻国郧国担心楚国与贰、轸签订盟约后于己不利，于是派人前往随、绞、州、蓼诸国游说，试图联兵截击楚军。四国之中，除了随国，绞、州、蓼三国均表示响应。郧国于是在蒲骚扎营驻军，实施布防。虽然绞、州、蓼三国表面响应，实则心口不一，各有盘算，郧国只能战战兢兢，虚张声势。

四国貌合神离，且各国军队战斗力远不及楚军。面对这种局面，楚师完全可将其逐个击破，大败四国。然而主帅屈瑕却疑虑重重，对东渡汉水时收到的上述情报，竟迟迟不能下决心出兵。副帅鬭廉建议屯兵郧郊，以观随、绞、州、蓼的动静，并自动请示带领一支精兵奇袭郧师。

鬭廉说："郧国在蒲骚驻军，其余四国之军可朝发夕至。他们自以为是，必定大意而放松警惕。如果我们派一支精锐部队夜袭郧国大营，郧国势必坚决

🔴 镈是春秋时期一种类似于钟的打击乐器，形比钟小，口缘较平。

守城以待援军。作战之军如果奢望救援，肯定会丧失斗志，不战即溃。打败了郧国，那其余几国就更易拿下了。"

屈瑕游移不定，打算向楚王求援。鬬廉反对说："战斗的胜利在于众志成城，而不在人多势众。周武王伐纣时的牧野之战，想必将军也知道。"鬬廉的坚定与自信，打消了屈瑕的忧虑。他奉命率精兵兼程东行，夜袭蒲骚，一举击溃郧师。随后，楚国与贰、轸两国签订盟约。

公元前 700 年，楚武王以绞国与郧国相谋袭楚为由，亲自讨伐绞国。屈瑕进谏说："绞国国小力弱，缺少谋略，可以利益相诱，再出兵攻伐。"楚武王听从他的意见，让屈瑕带兵伐绞。屈瑕故意放出一些楚国的砍樵者让绞国俘获，并在山下设伏。当绞国人驱役这些砍樵人时，楚国军队冲杀而出，大败绞国人，迫使绞国与楚国签订盟约。

公元前 699 年，楚武王又派屈瑕出兵伐罗国。大臣鬬伯比见他心高气傲、趾高气扬，预言屈瑕必败，并向楚武王建议多派军队，以防不测。楚武王把鬬伯比的话告诉了夫人邓曼，邓曼说："鬬伯

楚武王熊通在位期间，楚国实力蒸蒸日上。同时，在他的带领下，楚国的对外扩张也取得了一定成就。

【中国历史知识小词典】

汉阳诸姬 >>

　　周王朝为了加强对荆楚的控制，"以藩屏周"，陆续在汉水以东、以北和江、淮间，分封了不少姬姓或姻亲诸侯国，即所谓"汉阳诸姬"。重要的诸侯国有：随、唐、申、吕、曾、厉、贰、轸、蓼等国。其中随国国力最强，为汉东大国，并为汉阳诸姬盟国之首。随（今湖北随州市境）原在汾水流域，昭、穆时期，不断地攻打荆楚，后被迫迁徙到江淮汉水之间。

比关心的不是士卒寡不敌众，他担心的是屈瑕大意轻敌。自经蒲骚之役的胜利，屈瑕心浮气躁。鬬伯比担心他轻视罗国，造成大祸。如果君侯您不能对他加以控制，这不是等于不加防范吗？"

楚王随即派人追赶屈瑕大军，但为时已晚。大军行至鄢水畔，屈瑕果然如鬬伯比所言太急于求胜，刚愎自用而听不进去任何进谏，并且传令军中，进谏者受刑。楚国军队凌乱地渡过鄢水，攻入罗国。结果，屈瑕因为过于轻敌未加防备，遭到罗国与卢戎两军夹击，楚军大败。屈瑕率余部撤至荒谷，悔恨交加，自觉无颜面见楚武王，遂自缢身死。其他将领撤回楚国后，囚在冶父等候处罚。楚武王也深感后悔，说："这都是我的错啊。"随后，将这些将领的处罚全都免去。

雍纠杀丈人 ▶▶▶

№ 008

郑庄公有11个儿子，其中世子忽、公子突、公子亹和公子仪他最为喜爱，而世子忽和公子突更是他准备传位的两个候选人。大夫祭仲鼎力支持世子忽，公子突因为母亲出身宋国贵族雍氏而得到宋国相助。祭仲扶持世子忽即位，是为郑昭公。公子突在宋国支持下，囚祭仲于宋，胁迫他立公子突为国君，祭仲被迫答应。公子突即郑厉公，郑厉公因祭仲把持朝政而不满，派祭仲的女婿雍纠借机杀掉祭仲。

公元前701年，郑庄公因病去世。他死后，几个儿子为了争夺王位展开激烈争斗。郑庄公有心立公子突为继承人，而世子忽是嫡长子，按照惯例他才是正统的王位继承人。大夫祭仲在郑庄公的病榻前苦言相劝，郑庄公本指望自己归天后由祭仲来辅佐朝政，如今见他毫无为公子突效力之心，只好改变了主意，让世子忽即位。与此同时，他又安排公子突前往宋国谋求支持，以免世子忽与其手足相残。

世子忽即位后，公子突极为不满，他的母亲雍氏随即向宋国国君求助。宋庄公认为郑国并未陷入君位交接的混乱状态，贸然帮助公子突而得罪郑国，有些不划算，这时，祭仲正好出使到了宋国。

公子突看到祭仲到来，心生一计。他找到自己的舅舅，恳请舅舅向宋庄公陈明情况，囚禁祭仲，逼其另立国君。倘若事成，他愿以郑国土地相赠。宋庄公还是公子时，也曾因君位之争而被迫流亡郑国，后来得太宰华父督相助，夺了宋殇公之位。为报郑国之恩，他馈赠了郑国不少钱财。鉴于上述经历，宋庄公还想再捞回当年的损失，答应了公子突。

祭仲刚到宋国就被人抓住，囚禁起来。有一天，华父督前来看他，并以自己弑君易主为例，威逼利诱，向祭仲分

🌀 丈夫是人，父亲好比是天，人怎能和天相提并论？祭仲足的女儿听了母亲这话，回头便把丈夫的原话告诉了父亲，结果雍纠事败，奋起反抗时被杀。

析利害，并称即使祭仲不答应，宋国也会出兵护送公子突回国。祭仲为了保全自己，只好点头应允。虽然宋庄公允诺公子突助其夺位，但他的附加条件，让公子突颇为反感。宋庄公听说祭仲有个女儿到了适婚年龄，又逼迫他将女儿嫁给公子突舅舅之子雍纠为妻，还逼着祭仲承诺，回到郑国后，要以雍纠为朝中重臣，祭仲无奈，只好一概应下。

祭仲一回到郑国，遂称病在家，不理朝政。文武百官心下奇怪，相约到祭仲家里探望。到了祭仲家里，只见祭仲面色红润，并无大病迹象，然而内室里却隐约有刀斧手暗中走动。群臣大惊，祭仲于是据实相告。大家见事已至此，只能唯唯诺诺把拥立公子突为王的事应了下来。祭仲又对郑昭公陈明利弊，请他暂时避位，等时机成熟，再迎其复位。郑昭公孤立无援，只好退位，逃至卫国。

公子突即位，是为郑厉公。郑厉公刚登上君位，宋国立马就派人前来索要钱财。几次三番，搅得郑厉公不厌其烦，祭仲出主意让齐、鲁两国从中调和，就说郑国新君即位，国库空虚，请宽容时限。郑厉公不想委曲求全，无奈祭仲掌权，只好随他而去。哪知齐国因感恩世

子忽当年助齐伐北戎，不愿调停。倒是鲁侯，不辞辛劳几次与宋庄公面谈。但宋庄公贪财，完全不领鲁侯好意，甚至不赴鲁侯之约。鲁侯遭怠慢，深感受辱，便和郑国共同伐宋，大败宋国。宋庄公不甘心，又贿赂齐、卫、蔡、陈诸国，联合攻郑。郑厉公要出兵迎战，被祭仲制止，结果郑国都城被联军攻破，郑厉公看着国都任人蹂躏，号啕大哭。

由于祭仲与郑厉公政见不同，郑厉公对祭仲处处掣肘的行为恨之入骨。随他来到郑国的雍纠主动提出帮他除掉祭仲，原来雍纠与祭仲之女夫妻情分并不深厚。郑厉公见他诚心一片，就让他放手去干。雍纠此前从未做过此类事情，回家后，他的心事重重很快引起妻子怀疑。妻子追问，雍纠遮遮掩掩，被灌醉后，竟然酒后吐真言，把自己和郑厉公密谋之事和盘托出。

很快，祭仲就知道了雍纠和郑厉公密谋害他的事，他将计就计，在宴席上揭穿了雍纠的计谋，杀了雍纠。

🔴 春秋夔纹方格纹四系陶罐，其肩至腹中部满饰夔纹，腹中下部饰方格纹，被认为是春秋百越文化的代表之作。

中国通史经典故事

及瓜而代 ▶▶▶

№ 009

> 郑国在郑庄公时期，积极对外扩张，开创了郑国的全盛时代。到了郑昭公和郑厉公时期，由于公室内乱不断，郑国无暇外顾，其在诸侯间的影响力日趋下降，与此同时，与其实力相当的齐国，在齐庄公、齐僖公两代君主将近百年的时间里，国力日增，成为春秋初期郑、鲁、宋、卫、齐五国同盟中的盟主国。齐僖公死后，长子诸儿即位，是为齐襄公。

公元前 697 年，齐僖公去世，齐襄公即位。齐襄公空有齐庄公、齐僖公的称霸野心，但缺少他们的治国之才，而且荒淫无度。他与自己同父异母的妹妹，鲁庄公之母文姜乱伦之事在诸国间传得沸沸扬扬，甚至因此害死了文姜的丈夫鲁桓公，落得声名狼藉。齐襄公穷兵黩武，对外征伐不断，引来民怨沸腾。最终，他因为自己的倒行逆施、昏庸无道，仅在位 12 年就死于一场残酷的宫廷政变中。

🔴 春秋早期龙凤纹盉

齐僖公在位时，宠爱自己的侄儿、胞弟夷仲年的儿子、齐襄公的堂弟公孙无知。夷仲年去世得早，齐僖公怜悯公孙无知丧父之苦，对他格外照顾，甚至给他世子级的待遇。对此，世子诸儿非常恼火。齐僖公死后，诸儿即位，是为齐襄公。他一上台，即取消了公孙无知的特殊待遇，引起公孙无知对他的忌恨。

公元前 687 年，齐襄公派大夫连称、管至父去葵丘戍守，临行前，齐襄公对二人说："你们就放心去吧，现在正是瓜熟的时候，等明年这个时节，我一定派人替换你们回来。"

一年之后，连称、管至父并没有接到齐襄公派人接替他们的消息，便派人前去请示，齐襄公早已将此事忘在一旁，见两人竟派人来要挟他回到都城。他很不高兴，一口回绝。

漫长而艰苦的戍边生活没有尽头，连称、管至父对齐襄王彻底绝望，两人越想越气愤，萌生了杀掉齐襄王的念头。

连称的堂妹是齐襄公身边的侍妾，地位很低，齐襄公对她极为冷淡，她也因

中国通史经典故事

⬤ 老子，姓李名耳，字伯阳，又称老聃，春秋楚国相县人。是我国古代最伟大的哲学家和思想家之一，被道教尊为教祖，世界文化名人，后人称其为"老子"。这是老子画像。

此对齐襄公由爱生恨，最终和连称、管至父走到一起，三人商议，不如联合公孙无知一起杀了齐襄公，再立公孙无知为国君，从此永享富贵。

公元前 686 年的一天，齐襄公到贝丘（今山东博兴县境内）游猎。狩猎中途，一头野猪突然从树丛里纵身跃出，箭一般地直直冲向齐襄公。齐襄公身边的侍从们惊慌失措，失声大叫："彭生来了！彭生来了！"

这个彭生正是当年齐襄公与其妹文姜私通之事被鲁桓公发觉后，派去杀死鲁桓公之人。齐襄公害怕事情败露影响自己前程，便将所有责任统统推到彭生身上。彭生临死之前，大喊冤屈，并称死后做鬼也不放过齐襄公。如今，这头凶猛的野猪径直奔向齐襄公，也难怪众人惊恐之下说出这样的话。

齐襄公当然不能容忍这种事情发生，

他随即抓过弓箭，引弓搭箭，喝道："彭生怎敢见我！"齐襄公气势汹汹，那野猪竟然没有丝毫畏惧，反而站立起来像人一样狂呼大嚎。齐襄公这才害怕起来，一惊，从车上跌了下去，受了伤。

连称的堂妹将齐襄公受伤之事赶紧告知了连称、管至父等人，几人一商议，觉得这是发动政变的大好时机，不可错过。于是迅速纠集家徒，一起杀进宫去，取了齐襄公的性命，并拥立公孙无知为新的君侯。

公孙无知也是一个昏庸残暴之人，他曾和渠丘大夫雍林结怨，结果即位后的第二年，即公元前 685 年，在一次到渠丘游猎的途中，公孙无知被雍林杀害。

经历了齐襄公的统治和公孙无知等人的政变，齐国出现国中无君的短暂局面，对齐国这样一个诸侯大国而言，国不可一日无君。在这种情况下，立谁为君便成为齐国一个新的大问题，因此也引来了公子纠和公子小白的君位之争。

【中国历史知识小词典】

齐国 >>

西周初期，周武王为酬谢为周朝立下大功的吕尚（即姜太公）而封他于齐（今湖南），周公平"三监之乱"时被迫东征，最后将齐国迁到现今山东半岛一带。齐国国君最初为姜姓，史称姜齐。公元前 391 年，田和废齐康公，并逐齐康公于海上，自立为国君，同年被周安王册封为齐侯，史称田齐。公元前 221 年，齐国作为最后一个诸侯国，被秦国所并。

管鲍之交 ▶▶▶

№ 010

齐僖公有三个儿子，长子诸儿，次子纠，幼子小白。按照周朝礼制，君位一般都由长子继承。齐僖公深知诸儿的为人和性情，担心自己过世后三个儿子手足相残，同室操戈，两个小儿子被诸儿残暴杀害。于是，他派管仲、召忽辅佐公子纠，派鲍叔牙辅佐公子小白。齐襄公即位后，果然对诸弟痛下杀手，公子纠被迫逃奔鲁国，公子小白流亡在莒国。管仲和鲍叔牙各为其主，也因此成就了一段千古流传的佳话。

管仲，名夷吾，字仲，春秋时期颍上（今安徽颍上）人，也是周王室姬姓的后裔。管仲的家族曾有过一段显赫的历史，到管仲时期已经没落到靠经商为生。管仲从小聪慧过人，学得一肚子的经世治国之才。他的父亲管严一心希望儿子能复兴家族，但由于当时的社会处境和时代背景的原因，管仲不得不先为生计四处奔波。他经过商，做过小吏，当过兵，从事过很多事情，经历了无数磨难。

面对这些困难，他毫无退缩，顽强挺了过来。一方面，这是他性格使然；另一方面，知己好友鲍叔牙也给了他极大支持。

管仲年轻时，曾经为鲍叔牙打理生意。结果生意赔了本，鲍叔牙没有责备于他，因为他认为失败是人之常事；管仲曾多次求官，多次被君主辞绝。鲍叔牙不认为管仲无才，而认为他只是没有遇到明主；管仲后来从军，在战场上打仗，总是冲锋在后，逃跑在前。鲍叔牙不认为管仲胆小懦弱、贪生怕死，而说他有老母亲在家，还需要他来照顾。对于鲍叔牙的理解与关照，管仲说："生我者父母，知我者鲍子也。"也正是在鲍叔牙的极力推荐下和帮助下，管仲后来成就了他一代名相的历史英名。

齐僖公当初向鲍叔牙和管仲任命时，要鲍叔牙辅佐公子小白。因为公子小白母亲早亡，在宫里没有靠山，朝中大臣也都瞧不起他。鲍叔牙为此很不高兴，不愿意接受这项任命，并以身体有恙为由，

🔴 管仲一生鞠躬尽瘁，在他的辅佐下，齐桓公首先称霸，管仲也因此成就了一代名相的千古英名。

躲在家里不上朝。管仲和召忽闻讯，前去探望他。鲍叔牙抱怨说："知子莫若父，天下没有哪个父亲不了解自己儿子的，也没有哪个君主不了解自己臣子的。现在齐侯知道我不才，所以要我辅佐公子小白，可我不会接这项差事。"

召忽对鲍叔牙的处境深表同情和理解，一旁的管仲说道："身为人臣，不应该推辞工作，更不该贪图清闲享乐。再说世事难料，将来继承君位的，还不知道会是谁。你怎能说辞就辞呢？"

鲍叔牙犹豫不决，管仲又分析道："现在，齐国人都很厌恶公子纠的母亲，进而迁怒到公子纠本人。公子小白母亲早逝，反而得到大家的同情。世子诸儿性情暴戾，品质卑劣，即便日后继承君位也不会长久。到时，齐国的国君必然会在公子纠和公子小白之间择一。公子小白没有小聪明，性急而有远虑；公子纠日后即位倘若一事无成，到时安定齐国的除了你鲍叔牙，还能有谁呢？"管仲的话解开了鲍叔牙心中的疙瘩，他欣然应下了辅佐公子小白的事。

齐襄公即位后，果然如管仲所言，使

🔴 吴王夫差宫廷御用鉴，春秋晚期文物。

鉴是盛水器，此器形如大缸，平底。器腹两侧有虎头状兽耳，两耳间的口沿旁有小虎攀缘器口，通体饰有繁密的交龙纹 3 周。器内壁有铭文两行 13 字，记吴王夫差用青铜做此鉴，为吴王夫差宫廷中御用之物。

朝纲失常，政局混乱。此时，身在鲁国的公子纠和在莒国的公子小白也在积极为自己拉拢靠山。公子纠的母亲是鲁国人，他自然得到鲁国的支持。鲁国是周王室的同姓封国，在诸侯间有很高的影响力和号召力，公子纠因此占据较强的优势。公子小白自小与本国大夫高傒友善，高氏是齐国大贵族，他得到齐国内部贵族的扶持。两位公子各自积蓄力量，一场为争夺君位的明争暗斗随之开始。

公孙无知被杀后，齐国上卿高傒悄悄遣人往莒国请小白回国；鲁国也同时派兵护送公子纠回齐国，并让管仲率军半路阻截公子小白。当管仲赶至莒国边境时，正好公子小白一行人也行至此。管仲搭弓射箭，正中公子小白，公子小白应声而倒。其实这一箭并未伤到公子小白，公子小白佯装中箭身亡，待管仲率部走远，赶紧快马加鞭，日夜兼程，终于抢先一步回到了齐国，取得了君位，他就是赫赫有名的齐桓公。

【中国历史知识小词典】

鲁国

西周至战国的鲁国，史称东鲁。东鲁是周朝的一个姬姓诸侯国，为周武王的弟弟周公之后。周成王时期，周公东征打败了伙同武庚叛乱的殷商旧属国，分封周公长子伯禽于其中的奄国故土建立鲁国。鲁国先后传25世，约36位君主，历时800年左右，曲阜为其都城。鲁国疆域在泰山以南，包括有今山东省南部，兼河南、江苏、安徽三省小部分。

长勺之战 ▶▶▶

№ 011

公元前 685 年，公子小白登上齐国君位，是为齐桓公。齐桓公在鲍叔牙的极力推荐下，设法将管仲接回齐国，任其为相。在管仲、鲍叔牙等人尽力辅佐之下，君臣齐心协力，开始为齐国争霸天下奠基铺路。这一时期，齐国紧修内政，同时也加强自身与鲁、宋的互相制衡，由此引发了齐鲁两国的长勺之战。

管仲任相之后，向齐桓公提出一系列治国强军的大政方针。经过君臣等人的共同努力，齐国形势蒸蒸日上。当时的齐国受制于宋、鲁等国，齐国要争霸天下，必须先制服这两个国家才行。急于求成的齐桓公在齐国，不顾相国管仲的阻拦，任命鲍叔牙统领大军，于公元前 684 年首先向鲁国发动了战争。

齐国大军压境，鲁庄公亲率大军迎战。这个时候，鲁国大夫施伯向鲁庄公举荐了谋士曹刿。曹刿要去见鲁庄公，他家乡的人都说："这些打仗的大事都由那些食国家俸禄的官员来操心，这和你有什么关系呢？"曹刿不屑道："那些食肉的官员不足以深谋远虑。"他坚持自己的看法，于是入朝去拜见鲁庄公，称自己有制敌取胜的良策。

鲁庄公请他面谈，问曹刿："齐强鲁弱，我们凭什么来打赢这一仗呢？"曹刿反问："请问鲁侯凭什么让百姓和您同心同德，来打这一仗呢？"

鲁庄公说"寡人不敢苟言尽职尽责，但还是时时会想到百姓。衣食从来不敢独享，常常分给人们。"曹刿说："这很好，不过仅靠这点小恩小惠，百姓还不会真心实意随您冲杀战场。"庄公赶紧说："祭祀用的牛、羊、玉器、锦帛，寡人从来不敢妄加虚报，必定诚实以告。"曹刿说："这只是小信用，神灵不会因此赐福保佑您的。"

鲁庄公想了想，说："寡人还能时刻关心百姓疾苦，凡重要诉讼案件，都亲自考察。不因自己的好恶而扰乱律法的公平，一定按实情做处

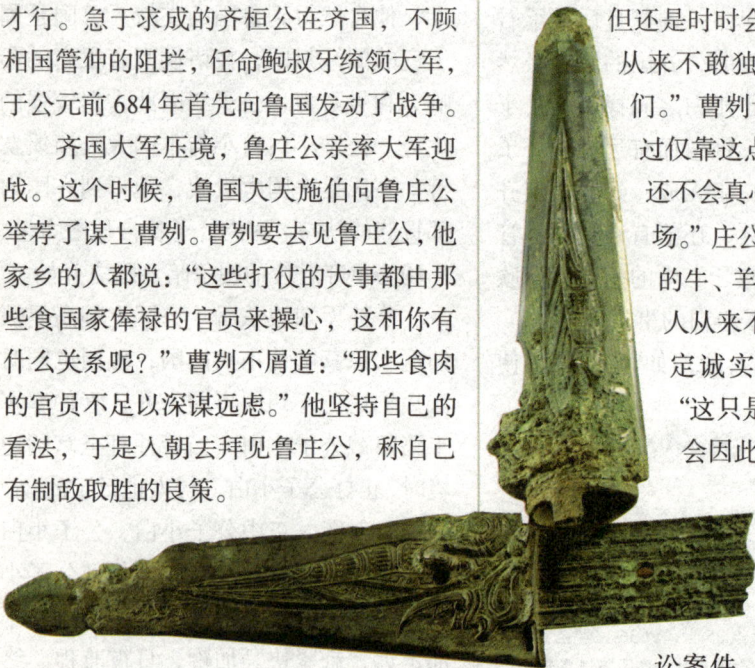

春秋铜戟

戟是古代一种兵器，其特点是将戈、矛合成一体，既能直刺，又能横击，兼有戈和矛的长处，威力较大。春秋时期，戟多为铜制。

长勺之战中，齐军一鼓作气，再而衰，三而竭，体力损耗不小；而鲁军一鼓作气，士气正强。曹刿利用这种作战心理，帮助鲁国赢得了长勺之战的胜利。

理。"曹刿道："这是让百姓同心同德的关键所在，如果真能做到这样，那鲁国就可以和齐国一决高下了。"鲁庄公询问计策，曹刿说："打仗要根据战场形势随机而变。我愿意一同率军前去作战，到时自有分晓。"

鲁庄公和曹刿同乘一辆战车，在长勺（今山东莱芜东北）和齐军交战。

齐军在鲍叔牙号令下，首先擂鼓出战，齐军在一片冲杀声中向鲁军阵地冲来。庄公见状，也欲击鼓迎战。曹刿连忙制止，并要庄公传令全军严守阵地，不得乱动和喧哗，擅自出战者斩。

齐军冲到鲁军阵前，鲁军纹丝不动，

齐军冲不破阵势，只好退了回去。鲍叔牙不解，又下令二次击鼓进攻，齐军重振精神，喊杀声震天，再次向鲁军阵地冲来，鲁阵仍岿然不动，齐军大惑不解，又一次退了回去。鲍叔牙见鲁军两次不出动，以为是怯阵，不免轻敌，下令第三次击鼓进攻。这时，曹刿才向鲁庄公说："可以出兵了。"

鲁庄公点点头，随即向全军下令，全军出击！

鲁国的将士早已按捺不住杀敌之心，听到号令，个个生龙活虎，挥舞着武器，以最快的速度冲向齐军。

然而此时的齐军因为几次冲锋体力受损，同时对鲁军的戒备也有所放松，突如其来的鲁军迅速将其阵营冲得七零八落，齐军丢盔弃甲，纷纷溃逃。庄公见齐军败退，欲下令立即追击。曹刿忙说："别急。"他仔细察地看了齐军逃走的车辙，见其车辙凌乱；又登上战车前横木向齐军逃跑方向观察了一阵，望见齐军大旗已倒，这才要庄公下令全力追击。鲁军一路追杀，斩杀、俘虏了许多齐军，缴获辎重无数，全胜而回。

【中国历史知识小词典】

召忽自刎

管仲回到齐国，齐桓公亲自到边境去迎接他，随后便拜他为相，和管仲一同辅佐公子纠的召忽却在进入齐国边境之后，自刎而死。临死前他对管仲说："杀我君而用我身，是对我的一种侮辱。死者成全德行，生者完成功名。生死不能兼顾，德行也不能为虚。你好好努力，就让我随公子纠去吧。死生在你我之间也是各得其所了。"召忽说完，拔剑自刎。

南宫长万之乱

№ 012

> 长勺之战，齐国大败，齐桓公很是不服，又联合宋国攻打鲁国。齐、宋联军在鲁国郎地驻扎，鲁庄公出兵迎战，采取公孙偃的谋略，以逐个击破之法，先将宋军打败。齐桓公担心势单力薄，随即撤兵回国，鲁国乘丘一战俘虏了宋国大将南宫长万，后在宋国请求下，送其回国。宋闵公因南宫长万此战失利而对其戏言羞辱，南宫长万由此记恨在心。

鲁庄公采取曹刿之计，在长勺一战大败齐军。齐桓公为此郁郁寡欢，心中很是不服。管仲等人劝他，齐国刚刚经历了内乱，改革稍见起色，不能频频对外征伐。齐桓公不听，随即又派人出使宋国，邀宋国联合攻打鲁国。公元前 684 年，宋闵公遣大将南宫长万为宋军主帅，猛获为副将，率宋军与鲍叔牙带领的齐军集结于郎地。

鲁庄公看到宋、齐两国大军来袭，心里很是焦虑，和群臣商议说："长勺一战，

齐桓公

鲍叔牙大败，这次他挟忿而来，肯定不会像上次那么轻敌。再加上有宋国相助，那个南宫长万勇猛无比、力大无穷，鲁国无人能敌，我们恐怕在劫难逃啊。"

大夫公孙偃自动站出来，请求去阵前观察敌军阵容，鲁庄公应允。公孙偃不久就回来了，向鲁庄公报告说："您猜得没错。鲍叔牙经长勺一战，警戒性甚高，臣看齐军军容整齐，颇有决心一战的气势。倒是南宫长万，他可能自恃其勇，所以队伍松松散散，一点不像大战在即、临阵待命的样子，臣以为如果我们首先击垮宋军，那齐军看到宋军大败，也肯定会有所顾虑而撤兵。"鲁庄公担忧地说："你可不是南宫长万的对手啊。"公孙偃请求道："请容臣一试。"鲁庄公见公孙偃意志坚决，遂答应了他，并称："你自行出兵，寡人随后接应。"公孙偃领命而去。

晚上，公孙偃命人将战车全用虎皮包装，趁着夜色朦胧，进逼宋营，宋军浑然不觉，公孙偃率军杀了个措手不及，南宫长万虽有举鼎之力，毕竟难敌千军

万马，混战中只好驱车先退。鲁庄公带着大军紧追不舍，追到乘丘这个地方，南宫长万决死一战。结果在身负重箭情况下，被众人生擒，猛获弃车而逃。鲍叔牙、齐桓公看到宋军大败，担心齐军势单力薄、孤掌难鸣，只好撤兵。南宫长万被掳往鲁国，鲁庄公爱其英勇，对他厚礼相待。

公元前683年，周天子将自己的妹妹嫁给齐桓公，并让鲁庄公主持大婚，齐国和鲁国因此和好。这年秋天，宋国又遭天灾，鲁庄公派人往宋国慰问。宋闵公深为感动，又派人往鲁国表示感谢，并请求释放南宫长万回国，鲁国应允。至此，齐、鲁、宋三国重修旧好。

南宫长万回国后，宋闵公迁怒其战败，戏言羞辱他，让南宫长万颜面尽失，之后，宋闵公又几次出言不逊让其难堪，大臣劝谏宋闵公君无戏言，宋闵公不以为然。公元前682年，周庄王因病去世，周僖王即位。周王室派人来宋国报丧，宋闵公欲派人前往洛邑吊唁，南宫长万请求前去。宋闵公忍不住又玩笑道："难道宋国没有人了，要派一个阶下囚去朝见

"鲁侯鼎"是春秋初年鲁国的青铜礼器，诸侯擅自造鼎，反映了春秋以来礼教败坏的社会情况。

周天子？"南宫长万忍无可忍，积怨爆发，盛怒之下击杀了宋闵公，大夫仇牧、太宰华父督随后闻讯赶来，两人混战中被杀身亡。

南宫长万另立公子游为君，又逐一驱逐了宋国戴、穆、宣、庄、武等大族，公子群被迫逃亡至萧国，公子御说逃至亳国。南宫长万认为公子御说有才，害怕其日后夺君位，于是派儿子和猛获围攻亳国。

公子群说服萧国出兵，公子御说说服亳国内应，并联合戴、穆、庄等五族与宋军对抗，猛获大败，逃至卫国。公子御说又设计让南宫长万以为亳国已破，顺利攻入宋国，南宫长万奋力突围，带着老母亲逃至陈国。后来经宋国请求，卫国将猛获交予宋国处置；宋国又贿赂陈国，使南宫长万被友人灌醉，再以犀牛皮包裹送抵宋国，被处以醢刑。

这场政变平息后，公子御说即位，是为宋桓公。

【中国历史知识小词典】

宋国

宋国是周朝的一个诸侯国，公爵，国君子姓，位于现在河南商丘一带，都城睢阳（今河南商丘）。周公平叛武庚叛乱后，另封纣王的庶兄微子启于商丘，国号宋，以世奉商朝的宗祀。春秋初年，宋国仍实行"兄终弟继"的传位制度。宋襄公时期，宋国曾一度为春秋五霸之一。公元前318年，戴偃称王，是为宋康王，行王政。公元前286年，宋被齐国所灭。

中国通史经典故事

放牛之人宁戚 ▶▶▶

№ 013

齐桓公即位后，任用管仲为相。管仲与齐桓公论百官、定国策、谋霸业，更为齐桓公力举了不少贤能之人。齐国大司田宁戚是齐桓公在位时期的主要辅佐者之一，在出山为仕之前，宁戚是穷乡僻壤里的放牛人。齐桓公求贤若渴，管仲慧眼识英才，助齐桓公力排众议，任用宁戚为大夫。宁戚担任大司田期间，负责齐国农业生产，使齐国很快富裕强盛起来。

公元前685年，齐国公子小白被管仲射了一箭之后，佯装重伤而死，抢在公子纠之前赶回齐国继承了君位。齐桓公在鲍叔牙的极力推荐下，决定放弃一箭之仇，迎管仲回国，齐桓公拜其为相，并对管仲以仲父相称。

卫国人宁戚听说了齐桓公拜管仲为相的事，认为齐桓公重人才、有抱负，决心投靠齐国，希望借此成就一番作为。他不畏艰难，来到齐国临淄，整日击牛角高歌。有一天，管仲乘车经过临淄近郊，见到一放牛青年击牛角高歌，歌词不俗，唱歌的年轻人也气质不凡，管仲有意将他举荐给齐桓公，便写了一封亲笔信交给他，说到时遇到齐桓公可以派上用场。

过了不几日，齐桓公果然从这里经过，听到宁戚唱的歌，他甚是惊奇，就让人把宁戚请来，问他歌中所唱不满是何居心。宁戚据理力争，言辞激烈冒犯了齐桓公。齐桓公大怒，要将他斩首。宁戚临危不惧，仰天长啸："夏桀杀龙逢，殷纣杀比干，我宁戚今天是第三个！"桓公身边的大臣隰朋劝谏道："这个人既不趋炎附势，也非贪生怕死之辈，看来非同常人呢。"齐桓公觉得有理，就命人放了宁戚，并请他为自己效力。宁戚这才从怀里拿出管仲的书信给桓公，说："齐侯择贤人而用，臣等也要择明主而事。如

【中国历史知识小词典】

宁戚任大司田 >>

管仲认为宁戚是有才能的农业专家，就向齐桓公举荐宁戚为大司田。宁戚由此负责齐国的农业生产，主持开垦农田，兴修水利，发展渔盐之利。他在任期间，经常到齐国东部活动，组织民众发展农耕，为当地百姓爱戴，辞世后人们将其安葬在胶水东岸（今山东平度马戈庄镇境内）。宁戚生前著有《相牛经》一卷，为齐桓公的霸业作出很大贡献。

🌀 春秋时期的青酒牺尊，是春秋时期青铜技术的典范作品。

果您亲佞臣、远贤人，以我冒犯君颜加怒于臣，那臣宁死也不自荐。"齐桓公听了非常高兴，即刻拜宁戚为大夫。

齐桓公稳定了国内局势后，便打着"尊王攘夷"的称霸旗号，积极拉拢周边的一些小诸侯国，对抗一些大的诸侯国。公元前681年春天，齐桓公借用天子给的权力，邀请宋、鲁、陈、蔡、郑、曹、邾、遂等国诸侯在北杏（今山东东阿）会盟。北杏会盟上，只有宋、陈、邾、蔡四国到了，齐桓公被推为盟主，订立盟约，尊王攘夷，济弱扶倾。齐桓公被举为盟主，引来宋桓公不满，会盟尚未结束，宋桓公不辞而去。齐桓公对宋侯的行为非常恼火，之后齐国又组织多次会盟，宋国均不理不睬。

公元前680年，齐桓公决定惩罚一下宋桓公，派使臣去周天子那里告状，借着周天子命令，攻打宋国。宁戚向齐桓公建议说，如果以武力迫使宋国屈服，宋桓公必定心有不满。不如先礼后兵，让他心悦诚服归附齐国，齐桓公觉得有道理，就让宁戚前去说服宋桓公。

宋桓公命武士全副武装站立身后，摆出一副威风凛凛的样子。宁戚目不斜视，昂然入殿。一见面，就跟宋桓公说："宋国要大难临头了。"宋桓公说他危言耸听，

齐桓公听从鲍叔牙建议，放弃一箭之仇，亲自在齐国边境迎接管仲，并要拜管仲为相；管仲不愿接受，在齐桓公的恳请和一再坚持下，管仲接受了相国一职。

宁戚笑道："得民心者得天下，宋公面对贤士态度傲慢，使有才能的人不愿辅佐您，使宋人与您离心离德。齐侯尊王攘夷，为诸侯所敬，如今正以周天子之名前来伐宋。如果宋公执迷不悟，长此以往，宋国岂不大难临头？"宋桓公被宁戚说得面色难看，下不来台。宁戚趁机分析利弊道："如果宋公能和齐国订立盟约，完全可以避免这场不必要的战争。到时黎民百姓免受战乱之灾，宋国国力也不至受损，岂不是民心所向？"

宋桓公听了宁戚的劝说，随即备上厚礼去和齐桓公签订了盟约。齐桓公将礼物又转给周天子，并请求同意宋国重新入盟的要求。这一举动为齐桓公赢得了很高的声誉，齐国在诸侯间声望渐长，而宁戚也得到齐桓公更多信任。公元前679年，齐桓公又邀请没有去北杏会盟的卫、郑、陈以及中途跑掉的宋国在幽地会盟，由此齐桓公名副其实地成为春秋时期第一个霸主。

蔡哀侯害人害己 ▶▶▶

No 014

> 正当齐桓公忙着与宋、鲁等国周旋，在中原称霸之际，楚国也同时在扩张自己的领域和势力，几乎尽灭和臣服"汉阳诸姬"。汉水以东小国，无不对楚国称臣纳贡，唯蔡国因与齐国有姻亲关系，以齐国做靠山而无视楚国。蔡哀侯与息国息侯分别娶了陈国陈侯的两个女儿，因息夫人更为美貌，蔡哀侯觊觎其美色得罪息侯。息侯向楚国求助，借楚国之手教训了蔡哀侯，蔡哀侯被掳往楚国。

公元前 689 年楚武王率军伐随国，队伍行进至汉水东岸，楚武王突发疾病去世。楚军秘不发丧，仍按原计划继续东进，直到兵临随国城下。随国向楚国臣服，楚军班师回国后，向天下昭告楚武王去世的消息，并立熊赀

🔴 息夫人为楚文王生下熊艰、熊恽二子。息侯被楚王封于如水，守护息国宗庙，数年后郁愤而死。

为王，即是楚文王。公元前 680 年，楚文王从丹阳迁都至郢（今湖北省江陵县西北），他继承楚武王遗志，尚武强国，先后灭了息、邓、申、夔诸国，大大地扩充了楚国的版图。

公元前 684 年，楚文王出兵攻伐蔡国，俘虏了蔡哀侯。蔡哀侯名献舞，是蔡桓侯之子。他奸诈好色，曾与息国息侯分别娶了陈侯的两个女儿。陈侯这两个女儿都长得美貌出众，尤其二女儿更是惊艳天人，倾国倾城。

公元前 684 年，息夫人回陈国探亲，途经蔡国去探望姐姐。谁知，宴席间蔡哀侯出言不逊，举止轻佻，令息夫人蒙羞。息夫人忍而不发，息侯事后得知，怒从心来，遂派人向楚国献计，称蔡国仗着与齐国的关系而对楚国不敬，如果楚国假意攻打息国，蔡侯作为连襟，势必得出手相救。到时楚国、息国里应外合，可将蔡国击败。楚文王正愁找不到征伐蔡国的借口，听到息侯的建议，大喜，随即派兵前往攻打息国。

楚国的军队开到息国境内，息侯向

蔡国求救，蔡哀侯果然出兵相助。可怜蔡哀侯哪里是楚军的对手，没多久就被打得落荒而逃。蔡哀侯赶紧向息国城门处逃奔，但息国大门紧闭，他这才知道自己上了息侯的当。蔡国兵败后，蔡哀侯被掳往楚国，楚文王要杀了他，在大臣鬻拳劝谏下，蔡哀侯总算保留了一条性命。楚文王为在天下诸侯间赢得好印象，不但没杀蔡哀侯，反而对他厚礼相待。

一次宴席上，喝得酒酣耳热之际，楚文王指着一个仪容秀丽的舞女问蔡哀侯说："此等绝色女子，蔡侯可否见过？"蔡哀侯不屑一顾，称："天下女子，绝色者只有息侯的息夫人，其他人不堪一顾。"楚文王问："息夫人美色如何？"蔡哀侯赞叹道："息夫人之美，难以言喻。她面若桃花，目如秋水，步态如天边流云，举止如飞天仙女，人称桃花夫人。"蔡哀侯的一番话，说得楚文王心旌摇动，回去后朝思暮想，最终下定决心前往息国一趟，一睹息夫人的芳容。

楚文王到访息国，息侯不敢怠慢，又是敬酒又是陪笑脸。楚文王接过息侯敬

🔴 春秋楚国鼎
楚国的青铜制作技术在春秋各国处于领先地位

来的酒，笑着问："寡人助息侯小惩蔡侯，也算为尊夫人挽回颜面，何不让夫人出来见一面呢？"息侯暗暗叫苦，但慑于楚国之威，只好请夫人出来。息夫人身着盛装来到楚王跟前，纤纤玉手捧得一杯酒来，楚文王接过一饮而尽。息夫人退下后，楚文王假借醉酒，向息侯威逼利诱欲得息夫人。息侯哪里受得这般屈辱，坚决不答应。楚文王大怒，拍案而起，其手下大将迅速擒住息侯。

息夫人闻讯，悲叹道："引狼入室，这都是自取的啊！"随即奔至后花园，欲投井寻死。楚国大夫鬭丹一把拉住息夫人，劝她为保全息侯先委屈自己。息夫人无奈，随后楚文王又是一番好言抚慰，答应不杀息侯。息夫人随楚王来到楚国，被尊为夫人。公元前680年秋，楚国再次挥师伐蔡；公元前675年，被扣楚国九年后，蔡哀侯在楚地离世。

【中国历史知识小词典】

蔡国

蔡国，初建国在今河南上蔡县一带，辖地大致为现在的河南驻马店市上蔡县一带。周灭商后，文王第五子叔度封于蔡，与管叔、霍叔一起监管殷商的遗民，称为"三监"。后周公平三监之乱，蔡叔被放逐。其子胡能温良谦恭，经周公举荐，仍封于蔡，史称蔡仲。蔡哀侯被掳后，蔡国一直作为楚国的附庸。公元前531年左右，楚灵王灭蔡，两年后复国。公元前493年，蔡国被迫迁往州来（安徽凤台县），史称下蔡。公元前447年为楚国所灭。

楚文王与鬻拳 ▶▶▶

№ 015

鬻拳是楚国宗室后裔，楚文王身边的大夫。楚国先祖叫熊鬻，他的后代就以其名字为姓，一部分人姓熊，一部分人姓鬻。鬻拳在楚文王欲杀蔡哀侯之际，以武力威胁楚王留下蔡哀侯一条性命。事后，他又自残双足谢罪。楚文王念其忠诚，让他做看守都城城门的官员。公元前675年，巴人侵犯楚国边境。楚文王率兵抵御，吃了败仗而且身负重伤狼狈逃回都城，结果鬻拳死活不让其入城。

蔡哀侯被掳往楚国后，楚文王一心想将蔡哀侯处死。大臣鬻拳劝谏说："问鼎中原一直是楚国的霸业，但是在中原各国的眼里，楚国是蛮夷之地。现在我们刚刚向中原迈出了第一步，正是向天下诸侯展示楚国实力，树立楚国威信的大好时机。如今大王要杀了蔡哀侯，刚刚得来的民心不就功亏一篑了吗，天下诸侯更会由此抓住我们楚国残暴的把柄。您说，这个蔡侯杀得杀不得？"楚文王对鬻拳的话充耳不闻，仍然坚持

🔴 **王子午鼎**
王子午是楚庄王之子、楚共王的兄弟，曾出任楚国令尹。该鼎是王子午的器物。这尊鼎是当时出土的7件整套鼎里边最大的一个，被认为是研究楚文化的重要标准器物。

> **【中国历史知识小词典】**
>
> **楚文王迁都 >>**
> 楚国国都初在丹阳（今河南淅川县），1978年到1979年在淅川县丹水下寺发现了一批春秋中期的楚国贵族墓葬。在下寺东北不远处有一座长900米、宽400米的古城龙城，可能就是楚国的初期都城丹阳。公元前689年，楚文王元年迁都到郢（今湖北江陵县纪南城），其古城遗址比丹阳龙城规模宏大，并保存有大量珍贵文物。

要将蔡哀侯烹了，来祭献太庙。

鬻拳劝诫不成，情急之下，猛然拔出匕首，一把揪住楚文王的衣袖，将匕首架在楚文王的脖子上，威胁道："如果大王不听我的劝告，那我只有杀了大王，另立明君，再以死谢罪了！"楚文王清楚鬻拳一根筋的性子，不敢和他硬碰硬，只好先服了软，答应不杀蔡哀侯，鬻拳这才放下了武器。楚文王整理好衣裳，正襟危坐。当着众人的面，被鬻拳拿着武器要挟，他心里憋了一肚子火，等鬻拳退下去，他干脆侧过头，不正眼看他。

鬻拳回到自己的位置，向楚文王拜了一拜，说："臣对大王以武器相要挟，这是莫大的罪过。"说完，他竟然拔出刀

🔴 纪南城位于荆州城，是春秋战国时期楚国的都城，当时称郢都，因地处楚国南方，又称南郢；又因在纪山之南，也称纪郢。

来砍断了自己的双足。这一幕把所有人都惊呆了，楚文王更是震惊，赶紧让人找来太医为他止血治伤。楚文王没有想到鬻拳会做出这样的举动，心里又愧又痛。事后，文王命人将鬻拳的断足包好供奉起来，以时时提醒自己。因为感念鬻拳的忠心，楚文王让他做了专门负责守护城门的官员。

公元前 676 年，巴人（今湖北长阳一带）侵犯楚国，首选的第一个目标是楚武王时期新建的那处城（今湖北荆门一带）。那处城原属殷商子姓所建的权国的地方，楚武王灭了权国之后，派楚国大夫斗缗管理此地。斗缗来到后，野心愈来愈大，最后公开与楚王分庭抗礼，发动叛乱。

楚武王一怒之下，派兵围攻权国，杀死斗缗，又把权国的老百姓整体迁移到那处（今湖北荆门东南），并派出大夫阎

敖治理那处地区。阎敖出身楚国贵族，当巴人大军攻破那处城时，在敌我力量对比悬殊的情况下，他很明智地选择了逃跑，只身逃回了郢都。

楚文王对阎敖临阵脱逃的行为非常恼怒，随即将他处死。这下，引起阎敖庞大家族的愤恨不满，他们纠集在一起，都纷纷为阎敖鸣不平。

公元前 675 年，楚文王亲自率兵抵御巴人，无功而返。因为楚文王在战斗中多处负伤，他只好连夜逃回郢都。当楚文王在郢都城门外叫门时，守城的鬻拳死活不开门，并质问楚文王败军之王有何脸面回国，连小小的巴人都打不过。至少得打出个漂亮的胜仗，才能挽回自己和楚国人的脸面。楚文王无奈，只好又挥师攻打邻近的黄国，战胜黄国后，楚文王凯旋而归。没想到，半道上他因伤感染，暴病身亡。

楚文王的遗体运回郢都后，鬻拳默默处理了文王的丧事。不久，他自杀于楚文王的坟墓前。楚文王下葬后，人们把鬻拳安葬在文王的墓门口，让他死后也能保护楚文王。

楚文王死后，长子熊艰先被立为王。但熊艰即位不久，文王次子熊恽即弑兄夺位，是为楚成王。

仙鹤坐车 ▶▶▶

№ 016

春秋时期的卫国经历了州吁之乱后，再也没有翻身之力跻身于诸侯争霸之列。卫宣公即位后，强娶世子的未婚妻当妾室，后来又听信谗言，杀了世子伋，另立卫惠公。卫宣公的做法引来左右公子不满，卫国爆发左右公子之乱，卫惠公被逐，后再次复位。卫惠公死后，卫懿公即位。卫懿公喜好养鹤，不但不思进取，还整日与鹤为伴，最终引来亡国之祸。

卫国州吁之乱平定后，卫宣公即位。其夫人夷姜生子伋，立为世子，卫宣公让右公子担任世子伋的老师。右公子准备为世子伋娶齐国女，没想到宣公竟然喜欢上这名女子，并自己娶来当妾室。该女生子寿、朔，宣公让左公子当他们的老师。夷姜死后，宣公听信公子朔的谗言，以为世子伋为自己夺妻之事记恨在心，借口要世子出使齐国，随后派人去杀他。公子寿为救世子，顶替世子赴齐国，被杀；世子不愿违抗

父命，旋也赴齐，结果也被杀。

卫宣公另立公子朔为世子，宣公死后，公子朔即位，是为卫惠公。

左右公子对卫宣公的做法很是气愤，公元前 696 年，左右公子发动政变，赶走惠公，而立世子伋的弟弟黔牟为国君。公元前 688 年前后，齐襄公率诸侯伐卫，杀左右公子，让卫惠公归国，黔牟是周天子的女婿，他随即逃到洛邑寻求周天子的庇护。卫惠公因为周天子收容黔牟而对其怀恨在心，联合燕国发兵伐周。周惠王被迫逃到温地，黔牟被杀，卫惠公立惠王弟颓为周天子。

卫惠公死后，他的儿子赤即位，为卫懿公。卫国经历了多次内乱，国力早已衰落，但卫懿公却没有丝毫亡国之忧和进取之心，依然过着骄奢淫逸的生活。懿公喜好养鹤，可怜鹤本是色洁形清之物，能鸣善舞，如今被卫懿公拿来享乐。一不能自由翱翔于天际，二终日被束缚在苑囿之内，这些鹤的日子也过得很不是滋味。卫懿公号称爱鹤，却一点不懂得体恤鹤的心思，只管自己观鹤起舞、闻

● 东周时期刻有龙虎形图案的玉璧

鹤唳鸣，许多人听说卫懿公好鹤，投其所好，搜罗各地的鹤，带来献给卫懿公。卫懿公对他们大加奖赏，使这些人也享有国家的俸禄。

卫懿公爱鹤简直到了极致，他不但处处养鹤，还给鹤封官赏禄：一等的鹤享有大夫级别的俸禄，次等的鹤享有士级别的俸禄。这还不止，卫懿公甚至还让人专门打造供鹤专用的车辆。每次外出，他要让鹤乘上专车，与自己同行。卫懿公横征暴敛于民，对鹤的食料却是大方有余，卫国人生活在水深火热之中，他却毫无体恤之情，不管不顾。

大夫石祁子是石碏之后，他为人耿直，与宁庄子共同主持国政。二人屡次进谏，卫懿公置若罔闻。当时的卫国尚有卫惠公同父异母的兄弟公子毁比较贤能，但公子毁看出卫国时日不长，借故去了齐国。齐侯将自己宗室的女儿嫁给他为妻，公子毁就留在齐国不回来了。卫国人向来怜悯已故的世子伋和公子寿之冤，可惜他们两个都没有留后。自卫惠公复位后，公子毁出奔齐国，卫国人常

🔹 春秋陶俑

暗地诅咒卫惠公所为，如今昏庸的卫懿公所作所为更是火上浇油，让本来就不得民心的自己进一步陷入更加孤立的境地，可这一切，卫懿公浑然不觉。

春秋初期，在秦、晋、郑、卫、邢等国以北，即今陕北及山西、河北两省的中部与北部，有许多凶猛有力的部落，称戎或者狄。因其在地理方位上处于北方，故又称北戎或北狄。他们经常侵犯中原各诸侯国，对众多诸侯国构成了很大威胁。当醉心于以鹤为伴日子里的卫懿公日日笙歌时，他大概没有想到，北方的狄人有一天会来攻打卫国；他大概也想不到，他的玩物丧志早已让卫国人对他绝望至谷底，而这也最终导致他身亡国破。

【中国历史知识小词典】

北狄 ››

春秋初期，在秦、晋、郑、卫、邢等国以北，即今陕北及山西、河北两省的中部与北部等地区的部落，仍与西戎及伊洛地区之戎统一称为戎，只在方位上称为北戎。至春秋中叶，出现了称上述地区各部落为狄的记载，因其在北，称为北狄。事实上，因为周代周人以华夏自称，所以东夷、南蛮、西戎、北狄就成为其分别对华夏周围四方诸部落之人的代称。

老马识途 ▶▶▶

№ 017

齐桓公自公元前679年幽地会盟之后，获得诸侯盟主的称号。两年后，齐桓公见郑国已经屈服于齐国，于是召集各国君侯在宋国的幽地再次会盟。这是一次盛况空前的会盟，周天子派人专门授予齐桓公侯伯的头衔，从此齐桓公成为名副其实的霸主。公元前664年，北方的山戎侵犯燕国，燕国抵挡不住，向齐国求救。管仲率大军迎战山戎，以老马带路走出险境，最终打败了山戎。

山戎，古代中国中原人又称其为无终氏，被认为起于燕北。它是春秋战国时期曾经活跃在现今中国北方地区的游牧民族中的一支，与史书上的犬戎、西戎居住方位有所不同。

大约公元前705年，山戎越过燕国攻打齐国。公元前679年，齐桓公结盟诸侯，称霸中原，成为春秋时代第一个霸主，由此也让齐国担负起解决山戎问题的先锋重任。春秋时期的诸侯争霸，使得各诸侯勾心斗角，时常为利益发生征

▲ 春秋羊首铜盖鼎

战，这很大程度上削弱了诸侯联合对付犬戎、西戎、山戎等部落的力量，给山戎入侵中原提供了契机。

公元前664年，山戎再次出兵伐燕国，燕向齐国求援。管仲认为山戎为患中原，作为诸侯盟主，齐国出兵援燕义不容辞。齐桓公颇以为然，随即发兵救燕。山戎听闻齐国大军将至，掠获燕国大量财物满载而归。齐军与燕军北出及门关追击，先头部队在山林中遭到山戎伏击，幸而后续部队及时赶到，避免了更大损失。管仲见状，适时改变作战策略，在山下安营扎寨，并让人特意将战车连接起来，围成车城。命将士待在车城之中，拒不应战，山戎按捺不住，多次进攻，但始终无法找到突破口。

山戎围攻未果，遂故伎重施，派兵在齐燕大军营地前恣意谩骂，寻机挑衅，又在山林中埋下伏兵，希望引齐军出动至山林之中，加以消灭。管仲看破山戎的用心，于是将计就计，分兵三路：一路为中军，假装中计，引山戎伏兵出击；另两路负责接应，左右夹击对付伏兵。山

北方的山戎侵犯燕国，齐桓公亲自率军援助。狡猾的山戎首领连连施计，结果都被管仲化险为夷。最终，齐国和燕国的军队打败山戎，维护了中原各国的安全。

戎见中路军追来，大喜过望，故意弃马逃跑，引中路军至山林。谁知，中路军追至半途就鸣金收兵回营。山戎原来部署被打断，伏兵只好出谷追击。结果遭到齐军左右夹击，大败而逃。

山戎大败，管仲带齐军兼程而进，继续追击。山戎首领逃至孤竹国（今河北西北），齐军围攻孤竹国。孤竹国派元帅诈降，并杀了山戎首领，将其首级献上，称孤竹国君主已经逃往沙漠深处。管仲派一支队伍留守空城，自己率领余部继续赶路。孤竹国元帅假意请求先行带路，结果诱使齐军进入沙漠，自己则偷偷溜走。眼看天色已晚，沙漠上风沙四起，辨不清方向。管仲让兵士敲锣打鼓，集合到一处。齐桓公非常焦急，管仲提议道："听说老马识途，燕马多从漠北买来，应该对这一带地形熟悉，不如以老马带路，

或可寻见出路。"齐桓公依其所言，取数匹老马，放其先行，大军紧随其后，果然逃脱险境。

走出沙漠的齐军直奔来时的无棣城，一路上但见行人川流不息。原来，孤竹国君主以为齐军会困死在沙漠中，又回到了城里，躲在山谷中的平民也跟着他回到了家园。管仲见此情景，心生一计，他随即命令众多兵士假扮成平民模样，混入无棣城，以半夜举火为号，分三路攻打东南西三门，仅留北门供敌军出逃，并在北门外设伏兵。晚上，城里的内应点燃火把，杀了守城的敌军，迎齐军入城。孤竹国君主和元帅仓皇出逃，却被齐国伏兵所擒，皆被斩。

齐桓公灭了孤竹等国，又辟地五百余里全数赠与燕国。燕国因此开辟了疆土，成为齐国的北方屏障。公元前660年，齐桓公又率领军队彻底征服了山戎。从此，山戎一部分融入了燕地民族，一部分进入中国东北加入了东胡部落。公元前272年，当秦国称霸西方时，西戎也被秦人同化，戎族从此消失于任何历史典籍中。

【中国历史知识小词典】

孤竹国 >>

　　孤竹国是中国古代的诸侯国，原为商先族旁支墨胎氏氏族，后来商部落南下中原时，逐渐与部落联盟分离。后活跃在燕山腹地游牧，发展至农牧并举阶段，并定居在辽宁省朝阳地区，开始独立生存。大约公元前1600年，商汤封其为孤竹国。

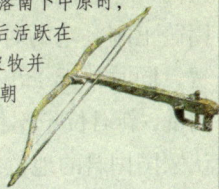

齐桓公割地送燕 ▶▶▶

№ 018

齐桓公在位期间，励精图治，齐国很快上升为诸侯中的强国。虽然在长勺之战吃了一次败仗，北杏之盟宋桓公又不辞而别，但齐桓公不计前嫌，止戈息兵，与宋、鲁等国言归于好。这些仁义之举为齐国赢得了很高的政治声誉，使齐国在诸侯间树立起一个仁义礼制大国的良好形象。被推上霸主之位后，齐桓公更注重这一点，以割地送燕之举继续巩固其霸位。

管仲是春秋时期第一相，也是春秋时期的一个很有作为和远见卓识的大政治家。可以说，没有管仲，齐国就不会有霸权地位；没有齐桓公这位深谋远虑、顾全大局的政治家，齐国的称霸大业恐怕也只能成为一番空谈。正是这样的君臣相携，才使齐国在春秋时期迅速崛起，并获得中原霸主的地位。

管仲辅佐齐桓公坐上中原霸主的宝座后，适时地提出了"尊王攘夷"的政治口号：尊奉周王朝天子，抵抗蛮族来袭。他建议齐桓公奉周天子的命令联合诸侯，订立盟约，共同尊奉天子，抵御外族。诸侯之中弱小的，扶助它；强横的，压制它；不听王命的，率诸侯共同讨伐它。

当时，宋国南宫长万之乱结束不久，国内一片混乱，管仲向齐桓公提议，借周釐王刚登基的时机，向周天子表示祝贺，同时帮天子出个主意，说宋国发生内乱，新君位子不稳，请天子下命令，确认宋国国君的地位。

公元前 681 年，齐桓公按照管仲尊

齐桓公

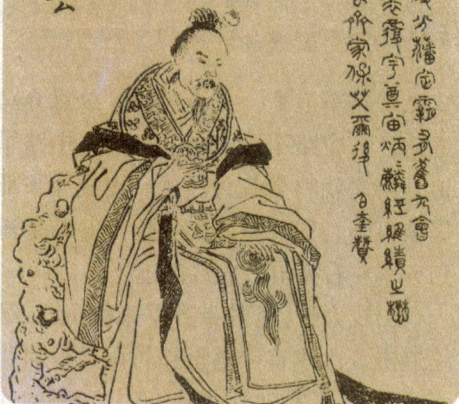

王的建议，派使者前去朝拜周釐王。春秋时期，礼崩乐坏，周天子早已没有实权，天下诸侯只顾着争抢地盘，兼并土地，朝见天子的事早被忘到了一边。

周釐王即位不久，看到齐国这样一个大国还特意派使者前来朝贺，又惊又喜，他马上答应齐桓公去宣布宋国国君的君位。这样，齐桓公名正言顺借着周天子的名义，召集宋、鲁、陈、蔡、卫、郑、曹、邾等国，组织了齐国第一次的诸侯会盟，即北杏之盟。北杏会盟，除了宋、陈、蔡、邾四国，其他几国皆未到。宋桓公因不满齐桓公当选盟主，中途拂袖而去。

齐桓公决意以天子之名先小惩一下鲁国，鲁庄公召集群臣商议。施伯与曹刿同意议和，公子庆父要求领兵出战。这时，齐桓公又派人送来书信质问鲁庄公为何失约北杏之盟。鲁庄公采纳施伯等人建议，回信称身体有恙，请求议和，齐桓公欣然接受。不久，齐国与鲁国在柯（今山东东阿西南）会盟，这次会盟上，发生著名的曹沫劫盟事件。

曹沫的举动，让齐国群臣很是气愤，他们扬言要教训鲁国。管仲及时制止了大家的过激行为，劝桓公以大局为重，齐桓公采纳了他的建议。

公元前 680 年，齐国又出兵攻伐宋国。宁戚只身入宋营，劝服宋公，齐国不费一兵一卒让宋国顺服。不久，齐桓公又扶助郑厉公再次复位，并于次年冬天联合诸侯国在幽地结盟。

公元前 664 年，北方戎狄部落攻打

● 春秋中期蟠夔纹盘

此物是一种水器。这种器物兴起于西周中晚期，春秋时极盛，器身满饰的蟠夔纹是春秋中晚期流行的纹饰。

燕国，燕国向齐国求救。齐桓公亲自赴援，齐军旗开得胜，一鼓作气，击溃山戎部落，灭了孤竹国。燕国得救了，齐桓公凯旋。燕庄公对齐国大义相救之举感激涕零，欢送归国的齐桓公，不知不觉走出了燕国地盘，进入齐国境内。

事后，齐桓公跟管仲说："按照礼制，除过周天子，诸侯之间的迎送都不能越出国境，否则就是违背礼制。我们齐国不能这样无礼于燕国。"管仲说："您刚刚取得诸侯盟主之位，如果此举在诸侯间传开，势必会影响齐国的声威，必须得想个法子解决才行。"

齐桓公想了想，说："寡人想把燕侯所到的齐地划给燕国，不知仲父意下如何？"管仲起身道："齐侯深明大义，不惜牺牲齐国利益恪守礼制，天下诸侯莫不服齐。"齐桓公见管仲也同意了自己的做法，随即将那片土地割让给了燕国，并让燕国自此修复德政，按时向周王室缴赋纳贡，燕庄公受宠若惊，其他诸侯听到消息，都对齐桓公心服口服，认为齐桓公很讲仁义，并纷纷与齐国交好，齐国的声威为之大振。

中国通史经典故事

【中国历史知识小词典】

周代礼制

中国被誉为礼仪之邦，最早要追溯到周代的礼乐制度。西周的礼乐制度相传为周公姬旦所制。周公所制定的"礼"，是维护统治者等级制度的政治准则、道德规范和各项典章制度的总称，后来发展为区分贵贱尊卑的等级教条。"乐"是配合各贵族进行礼仪活动而制作的舞乐，其规模遵循与等级级别保持一致的原则。春秋开始，礼崩乐坏，也预示着周王朝统治制度的崩溃。

庆父乱鲁 ▶▶▶

№ 019

中国通史经典故事

西周时期，鲁国对周王朝的稳定起到了很大的积极作用。春秋时，鲁国已经是东方大国之一。到了鲁庄公，鲁国政权开始为庄公的三个弟弟季友、叔牙、庆父所掌控。公元前 662 年左右，公子庆父发动了叛乱，杀了鲁庄公长子公子般，拥立公子启即位，是为鲁闵公。

公子庆父字仲，是鲁庄公的庶兄，叔牙是其胞弟。鲁庄公的同母之弟叫公子友，因为手掌纹像个"友"字，遂取名友，人称季友。季友、叔牙和庆父虽同为鲁庄公当朝大夫，但因为有嫡庶之分，加上季友最贤，所以鲁庄公格外看重季友，这让另外两兄弟感到很受冷落。

鲁庄公即位没几年时，喜欢上了党氏之女孟任，并立下誓言要立孟任为夫人。不久，孟任生下一子，取名为般。鲁

鲁国《春秋》。这是我国古代最早的一部编年体史书，孔子曾参与了它的修订。

庄公向母亲文姜请命，欲立孟任为夫人。文姜不许，非要让鲁庄公娶她与齐襄公生下的女儿姜氏。但姜氏年幼，等鲁庄公与其成亲时，已经十几年过去了。孟任没有等来所要的名分，抱病而去，被以姜礼安葬。姜氏一直没有生育，随她陪嫁的叔姜为鲁庄公生下了公子启；鲁庄公另外的一个侍姜风氏则生下了公子申。风氏欲将公子申托付给季友，以求将来立申为太子，季友借故公子般为长子，拒绝了风氏的请求。

鲁庄公因齐襄公与文姜的事导致父亲身亡，对夫人姜氏颇为冷淡。姜氏移情别恋，和公子庆父暗生情愫。庆父早已有篡位之心，为了助他得势，姜氏与叔牙约好，共同扶助庆父登上君位。

鲁庄公尚在位时，公子般因马夫荦擅自跑出观看祭祀而对其施以鞭刑。鲁庄公知道后，警告公子般，荦力大无穷，如果不及时将他处死，荦必定对鞭刑一事记恨在心，早晚会带来杀身之祸，公子般不以为然："匹夫之勇，不足为虑！"荦果然怨恨公子般，投靠了公子庆父。

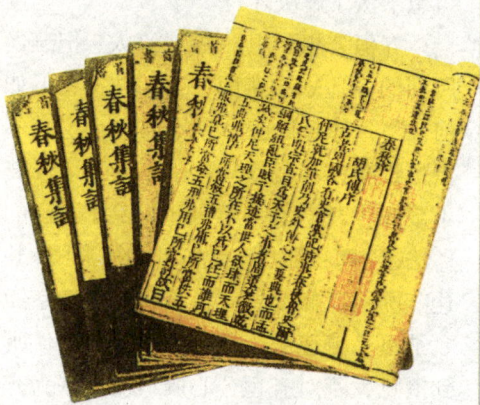

公元前662年，鲁庄公病危。弥留之际，鲁庄公以继位之事试探叔牙、季友等人。叔牙向鲁庄公力赞庆父的才干，季友则表示定当拼死以保公子般登上君位。鲁庄公暗示季友立公子般为君，季友假借鲁庄公授话之命，诱使叔牙只身赴约，并强行灌之以毒酒，杀了叔牙。当晚，鲁庄公撒手人寰，季友奉命立公子般为君。公子般即位不久，其外祖父党氏家人病逝，公子般前往吊丧。公子庆父召来荦，让其前往党氏家中行刺公子般。

荦身怀利刃，趁夜色匿身于公子般寝室中。公子般察其身影，二人发生争斗，公子般受伤致死，荦负伤而逃，遭党氏追击，被杀。季友听到公子般被杀，害怕祸及自身，旋即出奔陈国避难。公子庆父假装不知情，闻讯大怒，下令灭了荦全家，鲁国朝政由此落入他的手中。姜氏欲立庆父为君，庆父说："公子申、公子启还都在，如果不能赶尽杀绝，我这个君位就不能坐得安稳。"又说："公子申年长，只怕日后难以控制，不如立公子启。"庆父为公子般发丧，并借报丧之名，亲自去了齐国，将公子般被弑之事相告，又贿赂齐桓公身边的宠臣竖貂，扶立公子启为君，是为鲁闵公。

鲁闵公畏惧姜氏与庆父，欲摆脱他们控制，想借齐国之力除掉这两人。鲁

🔴 春秋四羊青铜方壶

闵公见到齐桓公，牵着齐桓公的衣袂，一边啜泣，一边哽咽着将庆父做乱之事说了出来。齐桓公爱其可怜，让他以齐国之名，将在陈国避难的季友召回以辅佐政务，对抗庆父。但季友在鲁国孤掌难鸣，齐桓公派去的使臣仲孙湫回去后向齐桓公感叹："庆父不除，鲁难未已！"

齐桓公想以武力胁迫庆父交出政权，仲孙湫认为等庆父贼心昭然于天下时再出兵讨伐为宜，桓公纳其所言。

鲁闵公二年，庆父与姜氏合谋杀了鲁闵公，季友带着公子申逃到邾国，在邾国向鲁国人发出号召杀庆父，立姬申。鲁国人痛恨庆父作为，积极响应季友号召。庆父畏惧，逃亡到莒国，姜氏逃到邾国。姬申被迎回鲁国后，季友买通莒国押回了庆父，并将其杀死。齐桓公对妹妹姜氏极为恼怒，便将其召回处死。

【中国历史知识小词典】

曲阜》

　　曲阜位于山东省西南部，隶属于济宁市，古称鲁县，是春秋战国时期鲁国国都。曲阜古称"少昊之墟"，据说上古时炎帝、黄帝和少昊都曾在这里定都。周武王灭商后，将其弟周公旦分封在此，称鲁公。实际上这里是周公旦之子伯禽的领地，因为周公本人一直留驻中央辅佐朝政。从周初起，这里就开始作为鲁国都城，并成为周朝各诸侯国定都时间最长的都城。

存邢救卫 ▶▶▶

№ 020

公元前 661 戎狄进攻邢国，邢国国小力弱，根本不是戎狄的对手。齐桓公和管仲一致认为戎狄贪得无厌，天下诸侯本为一家，不可坐视不管，随即发兵救邢。赶走戎狄之后，齐桓公将邢国遗民迁往夷仪（今山东聊城西南），并帮助邢国建造城郭，送去必需的物品。公元前 660 年，戎狄卷土重来攻打卫国。卫懿公爱鹤如命，导致民心尽失，齐国再次出兵救卫。

齐桓公千里出兵救燕国之后，本想让大军好好休整一番，没想到回国不久，又出事了。

公元前 661 年，戎狄出兵侵犯邢（今河北邢台）、卫两国。邢国无力抵挡，很快被戎狄攻破，邢人纷纷出逃。

齐桓公听到急报有些犹豫，毕竟齐国刚刚经历了一场大战，消耗不小，但想到自己霸主的地位，对邢国的上门求救又不能不管不顾。

面对戎狄的强势，管仲极力劝谏齐桓公，明辨是非，促其出兵相救，说："戎狄有豺狼之心，贪得无厌；天下诸侯同为华夏，不可抛弃。如今邢国有难，身为诸侯盟主的齐国更当挺身而出，救邢

国于危难之中，这是君侯责无旁贷的分内事。如此，齐国方可在诸侯间长治久存。"齐桓公听从了管仲的建议，于是打着"攘夷"的旗帜，率领诸侯大军同狄人展开较量。

诸侯联军到达邢国边境之后，故意按兵不动。狄人原以为联军会发动进攻，看到联军没有动静，更加肆无忌惮，准备在邢国掳获大量财物后再撤兵。没有想到这个时候，齐桓公下令联军发动攻击，狄人未加提防，折损大半，四处逃窜。

齐桓公打败戎狄，他担心邢国国土距离戎狄太近，而齐国也不可能一直驻扎在此，便考虑帮邢国迁都，以躲避戎

春秋双耳几何纹青铜簋，簋除可用于盛黍稷稻粱，还可作盘以盛水，作爵、尊以盛酒，后来它成为祭祀中使用数量仅次于鼎的器物，演化为一种权力的象征。

【中国历史知识小词典】

邢国 >>

邢国是西周初期周公儿子的封国，姬姓，在今河北邢台境内，为周成王所封。周初邢地是戎狄频繁活动的地区，邢国肩负着阻止戎狄东行侵扰周朝疆域的重任，同时又临近齐、卫，并与北方燕国遥相呼应。邢国自建国开始，就与戎狄长期征战，春秋之初，邢侯曾大破北戎。公元前 661 年，邢国被戎狄所败。公元前 635 年左右，邢国为亡而复兴的卫国所灭。

狄侵扰。之后，齐桓公命诸侯大军帮助邢国将都城迁到了夷仪（今山东聊城西南），帮邢人筑了新城，又将旧城的器物全数搬到新城。齐桓公考虑到邢国兵力薄弱，更无偿赠送邢国部分战车和士卒。邢人迁到了新地，又有新城居住，都十分高兴，就像回到家似的。齐桓公大公无私的美德更是让诸侯对他心悦诚服。

公元前 660 年，戎狄再度出兵，气势汹汹攻向卫国。正准备带着他的鹤出游的卫懿公闻讯，大惊失色，急忙调兵遣将、征兵抓奴，想要抵挡狄人的大军。

卫国人对这个昏君早已恨之入骨，大家纷纷地躲了起来，谁也不愿意参军打仗。卫懿公气急败坏，强行抓了百余名壮丁，还质问他们，为什么国难当头，不愿去抵御外侮。

人们忿忿地说："您自有一物可以助您抵御狄人，又何需用得着我们呢？"

卫懿公不解，问："何物？"

众人皆言："您的鹤啊。"

卫懿公斥道："胡说！这些鹤怎么能打仗呢？"

人们说："鹤既然不能打仗，那就是没有用的东西。但您却对这些无用之物封官赐禄，对我们不理不睬、不闻不问，这能怨我们吗？"

卫懿公后悔莫及，石祁子劝他不如把鹤都放了，以换取民心。虽然心中不舍，但事已至此，也没有办法，卫懿公只好把自己的鹤全部放生。随后，他安排石祁子、宁速留守后方，自己亲率大军去抗击狄人。

🔴 卫懿公姓姬名赤。他平生最爱养鹤，终因玩物丧志祸国殃民。据说他亲自带兵攻打狄人时，全军覆没，自己也被砍成肉泥，大夫弘演为他收尸时，但见尸身血肉模糊，只有一只肝尚且完好。弘演大哭，怜其无棺安身，遂剖身挖腹，将卫懿公的肝脏置入自己体内，以身作棺。

卫懿公在最后关头幡然醒悟，并决心与狄人以死相拼；但悬崖勒马也未能挽救卫国遭破灭的命运，他最终落得兵败身亡，卫国被攻破，国内财物被戎狄洗劫一空，卫人连夜弃城而逃，逃过黄河的不足千人。卫懿公死后，卫人拥立其堂弟姬申即位，是为卫戴公。卫戴公在位一年即去世。

公元前 659 年，卫戴公之弟公子毁得齐国相助即位，是为卫文公。为了帮助卫国重建家园，齐国送来了车马、建材、布匹、祭服、家畜等大批物资，卫文公和卫国的民众在齐国帮助下，迁于楚丘（今河南滑县东），在这里开始建设自己的新家园。

中国通史经典故事

骊姬之乱 ▶▶▶

№ 021

西周初，成王封其弟叔虞于唐（今山西翼城西），后唐叔虞之子晋侯燮改唐为晋。西周末年，晋文侯拥戴平王东迁洛邑，受到平王奖赏。春秋初，从公元前745年前后，晋昭侯封其叔成师于曲沃开始，到公元前679年曲沃的武公正式受命为晋侯，晋国经历了长达六十余年的内乱之局。公元前656年，晋国又发生了以骊姬为首的宫廷内乱。

晋国是春秋时期第二个称霸诸侯的国家，但在春秋初期它却经历了长达六十余年的内乱之局。

公元前710年，曲沃成师之孙武公与陉廷联兵攻晋，次年春，武公攻伐晋都城翼，大败晋军，杀了晋哀侯。晋哀侯死后，其子即位，后为武公诱杀。周桓王派兵讨伐曲沃，迫使武公退回曲沃，周桓王另立晋哀侯之弟为晋侯。

公元前679年，曲沃再度出兵灭晋，武公以晋国宝器贿赂周僖王，希望得到周天子的关照。公元前678年，周僖王封曲沃武公为晋侯。武公封侯后不久，便出兵攻打周王室，杀夷邑大夫诡诸，执政大臣周公忌父逃奔虢国。

公元前676年，晋武公辞世，晋献公即位。新建的晋国充满活力，晋献公采取大夫士劳的计谋，使势力庞大的晋公族诸公子互相残杀，进而全部消灭以利君权巩固；他起用异姓大臣辅佐朝政，大力扩张，先后伐灭耿、霍、魏、虞、虢等国，又降服了骊戎、赤狄等少数部落。

为了与这些边境少数部落搞好关系，晋献公娶了这些部落中的女子为妻。他一共有6个妻子，生有5子。齐姜生世子申生，戎国大戎狐姬生重耳，狐姬妹妹生了夷吾，骊戎族人骊姬生奚齐，骊姬陪嫁到晋国的妹妹生了卓子。骊姬

🔴 晋献公对同姓宗室宗族采取的杀戮和放逐策略，导致晋国由此形成政治上无公族势力的局面，这为春秋末、战国初六卿把权，以及最终三家分晋埋下很大隐患。

想让晋献公立奚齐为世子，由此引发了一场争夺储位的宫廷内乱。

晋献公虽然宠爱骊姬，但当她提出立奚齐为世子的事时，晋献公并没有糊涂，因为按照周礼，嫡长子继承君位是天经地义的事，如果违背这一礼制原则，不光会遭到晋国内部贵族的反对，也会让天下诸侯当做把柄。所以骊姬一提出这个请求，立马遭到晋献公的婉言拒绝。骊姬不死心，又贿赂晋献公宠信的大夫梁五和东关五，使他们说服献公让太子申生、重耳和夷吾离开京城。

晋献公听了这两人的话，公元前666年，晋献公让申生前往曲沃（今山西闻喜县东），封重耳在蒲城（今山西湿县西北），夷吾居屈地（今山西吉县）。骊姬和两个大夫借用保卫国家安全的名义，借晋献公之手将与奚齐争储的政敌从晋献公身边逐走。然而，骊姬没有就此罢手，她想到更为狠毒的一招，要将诸位公子赶尽杀绝。

公元前656年，晋献公听信骊姬等人谗言，派人追杀申生，迫使申生自缢于曲沃。人们敬重申生，称其为恭太子。

申生的老师杜原款因为替申生抱不平，被晋献公处死以解忿。

申生死后，野心勃勃的骊姬又将毒手伸向申生的弟弟重耳和夷吾，在晋献公跟前说他们两个的坏话。献公攻打蒲城讨伐重耳，重耳带着贤士赵衰、狐偃、贾佗、先轸等往狄族人的地方逃走。公元前655年，晋献公派贾华等人往屈地讨伐夷吾，夷吾逃往梁国。

公元前651年9月，晋献公逝世，奚齐为国君，任荀息为相。10月，晋献公尚未安葬，晋国大夫里克又起政变，杀了刚刚即位的奚齐。荀息遂立奚齐的弟弟卓子为君，不久，里克又杀了卓子，骊姬、荀息自尽而死。里克希望能迎接重耳回国即位，遭到重耳谢绝，里克只好从梁国请回夷吾，奉其为君，是为晋惠公。十几年后，流亡在外的公子重耳回国，他就是开创了晋国春秋霸业的晋文公。

【中国历史知识小词典】

晋国 >>

西周初年，周成王封其弟叔虞，在唐（今山西翼城县境）建都。叔虞之子燮父后来都城迁到今天太原晋水之旁，改国号为晋。西周末年，晋国开始强盛，晋文侯与郑武公共同辅平王东迁。公元前745年文侯死，晋昭侯即位，封文侯弟桓叔成师于曲沃。此后的晋国，实际分裂为二，内乱频起。到了晋武公灭晋而自立，被正式封侯，才得以统一。

风马牛不相及 ▶▶▶

№ 022

公元前 675 年，楚文王征伐黄国归来，因伤染疾去世，其子熊艰即位两年，其弟熊恽弑兄夺位，是为楚成王。楚国在楚武王、楚文王两代君主努力下，吞灭"汉阳诸姬"，积极向中原拓张疆土。彼时，齐桓公也在"尊王攘夷"旗号下，继续兼并小国、扩张领域。楚国对中原虎视眈眈，令齐桓公和其他诸侯坐立不安。公元前 656 年，齐国联合诸侯攻打楚国附庸蔡国。

春秋初年，楚国发展成为南方强大的诸侯国。楚成王即位后，任用子文为令尹，勤修内政，意欲问鼎中原。齐桓公割地送燕、存邢救卫后，他的霸主地位更加稳固，其仁义之举被广为传颂。楚成王因此心中甚为不乐，认为人们只知齐而不知楚，是奇耻大辱。

令尹子文建议，要与齐国争霸，不能直接行事，不如先攻打中原诸国的屏障郑国。楚王甚觉有理，就把攻打郑国的计划跟群臣商议，大夫鬬章主动请缨，楚成王遂命其带军进攻郑国。

【中国历史知识小词典】

五侯九伯

五侯指公、侯、伯、子、男五等爵位的诸侯；九伯意指九州的长官，所以五侯九伯泛指各国诸侯。古代的爵位作为皇族、贵族的封号，常用以表示身份等级的高低与权力的大小。有记载，爵位之分在尧、舜时期已有，周代设公、侯、伯、子、男五等爵，爵位可世袭，封地均称国，诸侯在封国内行使统治权，并置卿、大夫、士等爵位。卿、大夫有封邑，且受命于诸侯。战国时期，各诸侯国普遍废除了卿大夫的采邑制度而实行郡县制，出现了有别于之前卿大夫的封爵，如通侯、君等，历史上，白起曾为武安君，吕不韦曾封文信侯。这些封爵有大小不等的食邑，但不能世袭。

郑伯获悉楚国来犯，一面让大臣聃伯坚守城门，一面派人连夜赶往齐国搬救兵。鬬章闻听郑国有所准备，又听说齐国援兵将至，恐出兵失利，遂半道折返回国。楚成王听说鬬章不战而回，大怒，欲将其处死。鬬章的哥哥鬬廉犯颜直谏，请戴罪立功。兄弟二人遂兵分两队，突袭郑国，郑军大败，聃伯被囚。

楚成王又让鬬氏兄弟再度伐郑，郑国闻知聃伯被囚，再次派人入齐请援。管仲向齐桓公建议联合诸侯，以救郑之名

● 春秋·青铜簋

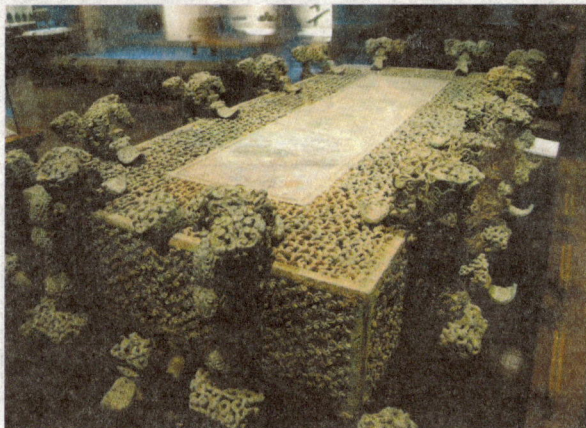

春秋战国时期的云纹铜禁,1978 出土于河南南阳。

王被迫迎战,一面火速调回出征郑国的鬭廉兄弟,集合大军积极备战;另一面派大夫屈完前去与齐国交涉。

屈完见到齐桓公,向其质问:"齐国居北,楚国偏南。相距如此之远,即使是同类的牛马相互引诱这等小事,也不会跑到对方的境内去,更何况我们隔山涉水、互不相干的两个国家?如今,你们竟然进入楚国的领地,兴师伐楚,师出何名?又何谓大国之礼呢?"

齐桓公无言以对,管仲站了出来,反驳道:"昔日召公康跟齐国先祖说'五侯九伯,女实争之',言下之意如果诸侯当中有对周天子不敬者,齐侯有讨伐他的权力。召公还说,我们先祖征讨的范围东到海边,西到黄河,南到穆陵,北到无棣。这些年,你们楚国对周天子没有一点诚心,完全忘了君臣间该有的礼数。因为你们应当进贡的包茅没有交纳,缺少用来过滤酒渣的东西,致使天子的祭祀没法正常进行,我们特意来征收贡物。另外当年周昭王南巡没有生还,究竟是如何一回事,你们也没给个说法,这是我们前来的另一个目的。"

屈完说:"您所言极是,向天子纳贡,这是各路诸侯的本分,我们怎么敢不供给呢?日后楚国一定按时朝贡。不过,至于昭王南巡为什么没有返回,您还是到汉水边去问问吧,我不好说。"屈完说完,即告辞了。

伐楚。齐桓公问:"以何故伐楚?"管仲说:"蔡侯有过于您,您不是早就想讨伐蔡国吗?楚国和蔡国接壤,现在正可以借讨伐蔡国之机征讨楚国。"

原来,蔡穆公曾将他的妹妹嫁给齐桓公为夫人。一日,齐桓公与蔡姬泛舟湖上。蔡姬顽皮,明知桓公畏水,仍故意使舟左右颠覆。桓公受到惊吓,很是生气,回去后就遣人将蔡姬送回蔡国。按照当时的礼数,出嫁之女被送回娘家,就是奇耻大辱。蔡穆公一怒之下将自己的妹妹改嫁给楚成王,做了楚国夫人,齐桓公对蔡侯由此记恨在心。

楚国的邻居江、黄两国早已不堪忍受楚国的暴虐,有心附齐。齐桓公遂秘密与两国立约,又借徐国之力攻打楚国附属舒国,至此,齐国扫清楚国周边障碍。

公元前 656 年,为了遏制楚国势力北进,齐桓公纠集鲁、宋、陈、卫、郑、曹、许合八国之师,攻打楚盟国蔡。蔡军不堪一击,诸侯联军遂伐楚国。楚成

召陵之盟 ▶▶▶

№ 023

　　屈完离开齐营后，管仲和齐桓公商议，认为楚国不可能以口舌之辩而屈服，必须施以武力，加以威慑，进一步逼其迎战或议和。于是八国大军拔营而起，一直到达陉山，在离汉水不远的地方停下来，管仲下令在此屯扎，不可前行。楚王心下疑虑，再度遣屈完一探虚实。在屈完的一再斡旋下，楚国和齐国终于答应各退一步，止兵息戈，并在召陵定下召陵之盟。

齐桓公率领诸侯联军驻扎在陉地，按兵不动。楚成王获悉后，心下疑虑重重。子文说："臣听说管仲用兵，没有十全把握，从不轻易出兵。现在八国大军驻扎召陵逗留不进，必定有所预谋。臣以为应当再派人前往，一探虚实，观其动向，到时或战或和，再做定断也不迟。"

　　楚成王就让屈完再跑一趟，屈完说："之前臣与管仲相争，承认了楚国缺贡苞茅的事。这次如果是去谈和立盟，我愿意身体力行，以解两国纷争。但若是请战，臣恐怕难当此事，还请大王另遣高人。"楚成王说："你多虑了，寡人明白你的言外之意。之所以让你前去，是寡人有意将战或盟的重任交你自裁，无论

你作出什么决定，寡人不会怨你。"有了楚王这句话，屈完心里有了数，于是再次前往齐军大营。

　　屈完再至齐军，管仲跟齐桓公说："楚国此番派人前来，一定是为了请求立盟为约，希望您能够以礼相待。"齐桓公说："仲父提醒的是，寡人自有分寸。"不一时，屈完到来，先拜见桓公，桓公答礼，遂向其询问来意。屈完说："楚国因为自

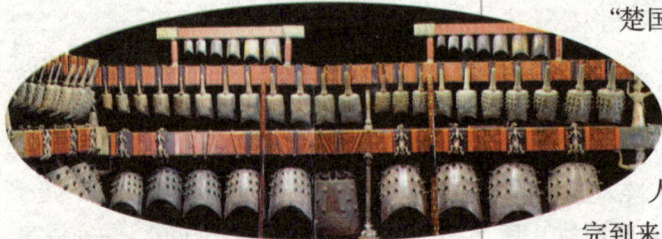
楚曾侯乙墓出土的大型编钟

中国通史经典故事

己不按时纳贡，引来君侯和诸侯征讨，楚王自知有罪，甚为后悔，所以下定决心日后定期朝贡，惟天子之命是从。但是我们有一个请求，如果齐侯肯退兵一舍的距离，楚国今后一定惟命是听！"齐桓公说："先生劝谏楚王按时朝贡，也让寡人对周天子有了交待，这个请求不过分。"随即下令军队退后一舍之距。

🌀 春秋晚期纹龙流盉

楚两国也只会两败俱伤。更何况世事难料，楚国也不是那么轻易就能对付的。齐桓公仔细权衡了一番，心里有些动摇。屈完也看出了齐桓公的心思，于是建议道："国与国之间的矛盾，历来都是通过会盟得以解决。这场仗是你们先挑起来的，楚国并不想进行这场无谓的战争。适才君侯又答应我们退兵一舍，所以我以为如果双方能够坐下来好好商议，以会盟的途径结束争端，那天下生灵就可免去涂炭之灾，为什么不考虑会盟呢？"

齐桓公为了威慑楚国，又请屈完一起坐上车，去看中原来的各路兵马。屈完见中原诸侯果然军容整齐，兵强马壮，心里不禁有点发虚。齐桓公说："先生也都看到了，这样强大的兵马，恐怕没有谁能抵挡得了吧？"屈完心中不服，不卑不亢地答："要是凭武力的话，我们楚国以方城（楚长城）作城墙，以汉水作城池，坚不可摧。八国之师虽然人多势众，但不一定众志成城，也未必实力相等，所以即便你们来再多的军队，也未必打得过我们楚国。"

屈完的话字字有力，毫无示弱之意，齐桓公见他的态度挺强硬，心下一思量，觉得屈完说得颇有道理。八国之军联合伐楚，当然是各有所图，军心不一，势必不如楚国求胜心切。再者，要真把楚国逼上绝路，真打起仗来，就算赢了，齐

楚国自己主动提出会盟的建议，意在给齐国一个台阶下。齐桓公见此，心想既然战争未必能打败楚国，而且楚国已经认了错，答应向周天子进贡祭祀用的包茅，也算有了面子，不如就势来个顺水推舟，就此了结吧。这样想来，齐桓公就采纳了屈完的意见，并决定与楚国另立盟约。

齐桓公退后一舍，驻军在召陵。楚成王自以为齐桓公退兵是畏惧自己，不仅对答应朝贡周天子的事有了反悔之意。子文劝他，有八国之君作证，如果楚国贪图一时之利，必定失信于天下。楚王陡醒，打消反悔念头，并立即派屈完带上重礼前往召陵犒劳八国大军，并与齐国结盟。

中国通史经典故事

申生失位 ▶▶▶

№ 024

晋武公晚年时，得齐国宗室之女齐姜。齐姜年少貌美，却为武公之子晋献公所爱。献公与齐姜生有一子，取名申生。晋献公即位时，立齐姜为正室夫人，申生即成为世子。公元前 672 年，晋伐骊戎，得骊姬及其妹，晋献公非常宠爱她们。后来骊姬生了奚齐，献公有意废世子另设储君，同时为了巩固君权，防止诸子夺位，将申生封到曲沃，从此疏远申生。

晋献公的五个儿子当中，世子申生虽不及重耳、夷吾年长，但其母亲齐姜为正室夫人，所以按论嫡庶不论长幼的原则，申生被立为世子。申生被立为世子后，晋献公又以大夫杜原款为太傅、大夫里克为少傅，辅导世子。

公元前 672 年，晋献公伐骊戎，得骊姬姐妹二人，骊姬貌美如息夫人，妖

媚如苏妲己，而且为人狡诈，颇有心计。在献公面前，她常常表现得忠心耿耿、善解人意、楚楚可怜，又时常干预政事，为晋献公出谋划策。晋献公对她甚为宠爱，每日的饮食起居必得由她侍奉，否则食之无味，寝之难眠。齐姜死后，晋献公不顾反对，立骊姬为夫人。骊姬早有心夺世子之位，常在献公跟前提及废储另立之事，晋献公也欲废除申生，但碍于群臣反对，对骊姬的话充耳不闻。

骊姬心有不甘，又因重耳、夷吾与申生兄弟情深，互相友爱，担心操之过急反被提防，遂假意在献公跟前为申生说情，劝晋献公不要废除世子，晋献公对她更为信任。献公身边有宠臣梁五和东关五，二人时常恃宠弄权，晋人非常厌恶他们。骊姬通过一个叫施的优人与这两人串通一气，三人以封疆之名，唆

🦴 骊姬为了陷害申生，故意邀申生同游花园。她提前给自己的头发涂抹上蜂蜜，结果引来了大群蜜蜂蝴蝶，追得她抱头逃窜。骊姬向申生求助："世子快快帮我！"申生见她狼狈不堪，心有不忍，便抡起衣袖帮她驱赶蜜蜂。这一幕刚好被晋献公看到，献公火冒三丈，立即让人抓住申生，要杀了他。

使晋献公将几位公子分封到都城以外之地。申生被派往曲沃。

申生到了曲沃，将原来的旧城加高加固，成为一座新城，后世称为太子城。

骊姬担心申生有里克、杜原款辅佐，铲除申生不易，于是又让优施对世子少傅里克威逼利诱。里克恐怕祸及自身，假装坠车受伤，辞去了朝中职务。

里克走后，骊姬借口申生久居曲沃，与献公父子相距甚远，建议献公召申生回来小聚。献公信以为真，遂召回申生。申生入宫问候骊姬，骊姬设宴款待。第二天，申生入宫谢宴，骊姬又留他用饭。晚上，骊姬侍寝，暗中垂泪。献公问其何故，骊姬向他哭诉，称世子申生对其无礼，出言调戏。献公半信半疑，骊姬道："您如若不信，明日臣妾试与世子在园中游玩，您可在台上一看究竟，就知是真是假了。"献公应允。

第二天，晋献公果然看到了申生"调戏"骊姬，非常生气。骊姬却跪而求情道："世子是臣妾召他回来的，如果您处死世子，天下人都会认为这是臣妾的罪过，还请三思。"晋献公忍住怒火，遣申

春秋时期玉镯。春秋时期，礼制崩溃，玉礼器的数量相对减少，佩饰则大量增加，而玉器装饰出现了新风格，纹饰细碎而繁密，且多为变形的兽面纹。

生回到曲沃，并派人暗中收集申生的罪证。不久，骊姬又借故让申生在曲沃祭祀其生母齐姜，并让其将祭祀的肉干送给献公品尝。骊姬在申生送来的肉里偷偷下了毒，又在献公进宴之前，特意提醒献公先检验一下。献公一验，果真有毒。

献公认为申生逆谋，召群臣商议如何处置申生。群臣对骊姬为人心知肚明，却不敢明言，皆面面相觑。晋献公遂命梁五等人前往曲沃攻打申生，申生手下之人都劝他投奔他国，以保性命。

申生自知被骊姬陷害，不愿父亲失去骊姬伤心；又不忍逃奔他国，使父亲落得恶君之名，为诸侯耻笑，他愤然留书一封给晋国大夫狐突，嘱其辅佐朝政，而后自缢身死。申生的老师杜原款为申生鸣冤，骊姬进谗言称杜原款教导无方，教唆献公杀之，献公遂命人以铜锤将其击杀。朝中大臣睹其惨死，暗暗流涕。

【中国历史知识小词典】

太傅、少傅

　　太傅，春秋时期晋国所设，为君主的辅佐大臣。君主年幼或缺位时，太傅可以代为管理国家，并掌管礼法的制定和颁行，与太师、太保共称"三公"。战国时期，齐国和楚国也设有太傅，秦朝时期被废止。西汉曾两度短暂复置该职位，东汉则长期设立。以后各朝代都有设置，但多为虚衔。少师、少傅和少保在古代又合称三少或三孤，周代置，为三公的辅官，后逐渐成为虚衔，用于加封重臣，相当于一品官。

唇亡齿寒 ▶▶▶

№ 025

　　公元前 655 年，晋献公准备讨伐虢国。因为晋国与虢国之间隔着虞国，晋献公听从荀息建议，贿赂虞国借道伐虢。虞侯贪财，收下礼物。大臣宫之奇极力反对借路晋国，并以唇齿相依、唇亡齿寒为例，劝谏虞侯。虞侯对其所言置若罔闻，不顾群臣反对，答应借路给晋国。宫之奇感叹虞国时日不多，于是带着一家老小离开了虞国。虞侯最终自食恶果，被晋国灭国。

　　公元前 656 年，晋国发生骊姬之乱。世子申生遭骊姬陷害，含愤自缢身亡。骊姬随后又在献公跟前进谗言，诬告重耳和夷吾，两位公子被逼无奈，只好离开都城，回到各自封地。晋献公因为他们不辞而别，大为恼怒，以为他俩也像申生一样有谋逆之心。他不依不饶，又出兵讨伐蒲、屈两地，均未克。晋献公内战失利，将武力转向国外。

　　晋献公时期，晋国国力强盛，献公

🔴 春秋晚期晋国青铜敦血器，主要用于周王室与诸侯国之间、各诸侯国之间、各诸侯国与周边其他民族部落或方国之间进行联盟所用的祭祀类。

遂开始致力于开拓疆土。他在位期间对外连连用兵，先后降服了骊戎，势力到达今骊山（今陕西临潼）；又攻占聚城，改其名为绛（今山西平阳），并从翼（今山西翼城）迁都至此；后又吞灭了霍（今山西霍县西南）、魏（今山西芮城北）、耿（今山西河津东南汾水南岸），再度降服戎狄的另一支皋落氏。公元前 658 年，晋献公首次向虞国借道，得虞公相助，成功夺取了虢国下阳一地。

　　公元前 655 年，晋献公想扩充自己的实力和地盘，就借口邻近的虢国经常侵犯晋国边境，要派兵消灭了虢国。因为碍于两国之间夹着一个虞国，晋献公和群臣商议，打算向虞国二次借路。可是如何顺利通过虞国呢？晋献公问大伙。荀息说："虞公目光短浅、贪图小利，如果送给他更多价值连城的美玉和宝马，投其所好，他不会不答应借道的。"

　　晋献公听到还要送给虞公财物，心里不舍。荀息看出晋献公的那点心思，说道："这虞国和虢国互为近邻，虢国要是灭了，一个小小的虞国又能苟延残喘多

唇亡齿寒的故事出自《左传》，虞公贪图近利，害人害己。后世用来比喻关系密切、相互依存，特别是强调当事各方利害与共，多用于描述国家或者个人间的关系。

久呢？君侯不能舍弃这一时之利，又谈何称霸大业？况且您的美玉宝马也不过是暂时存放在虞公那里，由他为您照看着罢了。"晋献公采纳了荀息的建议，立即派人给虞公送去了不少的金银财物。

虞公看到这么多礼物，喜得心花怒放，对借道一事不假思索，就满口应承下来。虞国大夫宫之奇听说虞侯已经答应借道给晋国，非常焦急，赶快阻止道："晋国借道虞国，万万不可再轻言应允！虢国和虞国是唇齿相依的近邻，互扶互助。万一虢国被晋国所灭，我们虞国哪里还有容身之地啊？唇亡齿寒，没有嘴唇，牙齿就保不住；没有虢国作屏障，晋国攻打虞国易如反掌。借道给晋国千万使不得，一旦虢国被灭，晋国虎视眈眈，它的下一个目标就是我们虞国了。"

虞公刚得了意外之财，正喜上眉梢，宫之奇却说了这些丧气话，很不高兴，还怨宫之奇太小气，"晋国乃泱泱大国，现在特意送来美玉宝马想和虞国永世修好，难道我们借条道路给人家都不行吗？你们啊，一天到晚想得太多了。之前也借道给晋国，不是没事么？"宫之奇对虞公的话真是又气又急，连连叹气，照这样下去，虞国离灭亡的日子不远了，回去后他就吩咐家人收拾行囊，带着家眷老小，离开了虞国。

公元前655年冬，晋国借道虞国，出兵灭了虢国，回师时又灭了虞国，俘虏了虞公和虞国大夫百里奚。晋献公仰慕百里奚的才华，想让他留在晋国辅佐朝政。百里奚说："君子不事仇国，更何况是在仇国担任官职，为仇国效力？还是请晋侯您放了我吧，我愿意追随虞侯左右。"晋献公见他不识时务，颇为不悦。后来，秦晋两国联姻，晋献公把自己的女儿穆姬许配给秦穆公，同时把百里奚当做陪嫁的仆人送到了秦国。

【中国历史知识小词典】

虢国墓地 》》
虢国墓地位于河南三门峡市，是一处规模宏大、等级齐全、排列有序、保存完好的西周、春秋时期大型邦国公墓，1956年发现至今，已探明各类遗址八百余处，出土文物近3万件。其中的缀玉面罩被确认为春秋战国"暝目"的祖型；玉组串饰为汉代金缕玉衣的前身。

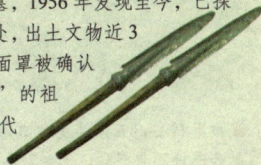

五张羊皮赎相国 ▶▶▶

№ 026

百里奚是虞国人（一说楚国人），他才华横溢，但由于家境贫寒，而立之年仍无所作为。后来，他在妻子的鼓励下出去闯荡。百里奚先去了齐国，因为无钱无门，求官不得而陷入了困境。幸而遇到蹇叔，蹇叔怜其怀才不遇，向在虞国任相的好友宫之奇推荐了百里奚。晋国攻破虞国后，百里奚被俘，之后又被作为陪嫁的媵臣送往秦国。途中，他逃亡到楚国。秦穆公闻其贤明，以五张羊皮将百里奚赎回，并任他为相。

秦国原本是中原东面的一个嬴姓部落，大概在周代初期迁到今天甘肃天水附近。周平王东迁时，秦襄公护送有功，平王便把岐山以西的土地赐给秦国。秦国西处边陲，常与戎狄有争斗，秦国在不断的斗争中击败戎狄，扩张了土地。后几经迁都，最后将都城定在了雍地（今陕西凤翔南）。雍城地处交通要道，秦国以此为据点，又得以拥有良好自然条件和冶铁技术发达的八百里秦川，开始内外兼修。秦穆公即位后，为了增强实力，他积极向东扩展势力，秦国逐渐强大起来。

公元前 655 年，晋献公先后灭了虢国、虞国，俘虏了虞侯和百里奚。晋国国势强盛，秦穆公想和晋国联姻，于是派人向晋献公求亲。晋献公将齐姜的女儿、申生的妹妹穆姬嫁给秦穆公，因为百里奚拒绝在晋国任职，晋献公很是生气，就把他算在陪嫁的仆人当中，让百里奚也一同前往秦国。去往秦国的路上，百里奚回想起自己一直以来的仕途，越想越气，就趁着众人不注意，逃跑了。在逃到楚国苑地（今河南南阳）时，被楚人抓住。

秦穆公听说百里奚很有才华，想用重金赎买他，又担心楚国不同意，就派人跟楚国说陪嫁的奴隶逃到了边境，请用

被秦穆公以五张羊皮赎回的百里奚，在秦国有了用武之地。虞公和晋献公或许不曾想到，他会助秦穆公壮大秦国。

五张黑色公羊皮赎回他。楚国边境官员听说不过是个奴隶，收下了羊皮，把百里奚交给了秦国。秦穆公要委他重任，百里奚推辞说："亡国之臣，担当不起。"

秦穆公说："虞公昏庸，自取灭亡，非您之过。秦国地处偏僻，虽不及齐、晋这样的大国，但只要先生愿意留下，助寡人完成大业，寡人感激不尽。"穆公的盛情，百里奚不好推辞，就答应下来。二人彻谈数日，穆公仍感意犹未尽，非常高兴地把国家政事交给了他，封他为五羖（羖，黑色公羊）大夫。百里奚遇到了伯乐，想起了在他落魄潦倒时，给他无私帮助的蹇叔。

百里奚在齐国落魄之际，遇到了蹇叔。蹇叔见百里奚相貌堂堂、谈吐不凡，把他收留在家。蹇叔家本就不宽裕，又平白多了一张嘴，生活日渐拮据。百里奚不好拖累蹇叔，想要告辞。蹇叔明白他的意思，便让他去养牛，找点事做。百里奚做事认真，把牛养得膘肥体壮。他听说王子颓喜好牛，打算投奔王子颓。蹇叔劝他："这昏君不为国家政事操心，必

春秋时期的盛食器

定玩物丧志，日后非有好结果，不能去。"后来，齐国公孙无知广招贤才，百里奚又想去应聘，蹇叔劝道："公孙无知弑齐襄公而自立，不仁义，必有内乱，也不能去。"百里奚求仕心切，蹇叔便向好朋友宫之奇推荐了他。然虞公听不得谏言，他又想阻止，但百里奚心意已决。百里奚向秦穆公举荐蹇叔，说："蹇叔之才，不在我之下，可惜世人无知。当年我外出游学求官，被困齐国，蹇叔以绵薄之力救我于困境。我曾想侍奉齐国公孙无知，幸而蹇叔制止，使我免遭政变之祸；周王子颓喜爱牛，我以养牛的本领求禄位，蹇叔劝阻，逃此一劫。侍奉虞公时，得蹇叔相劝，我未听他的话，做了亡国之臣。蹇叔独有眼光，深谋远虑，秦伯如能得蹇叔相助，大业必成。"

穆公听了百里奚的话，恨不能立刻见到蹇叔其人，于是派人带上厚重的礼物，郑重地去宋国请到蹇叔，并分别封二人为左、右庶长，谓之"二相"。在这两人齐心协力、共同辅佐之下，穆公开始了称霸诸侯的征程。

【中国历史知识小词典】

王子颓之乱

王子颓是周庄王的庶子，周惠王的叔父，很受周庄王的钟爱。周惠王在位时，多次强取周朝大夫贵族的封邑、宫室和俸禄，引起朝中大夫强烈不满。公元前675年，苏国、边伯、石速、詹父、子禽、祝跪等五大夫奉子颓命以攻伐周惠王。未克，遂逃往苏氏的温邑，子颓又在苏氏支持下逃到卫国。子颓又联合卫国、燕国军队反攻周惠王，周惠王逃到温邑。公元前673年，郑厉公和虢公兴师勤王，杀了王子颓，使周惠王复位。

晋公子出逃 ▶▶▶

№ 027

　　晋国世子申生自杀后，重耳、夷吾危机重重，二人不敢留在绛城，回到封地。晋献公以为两个儿子大逆不道，派人追杀。重耳回到蒲城，闻追兵赶来，在众人帮助下，翻墙而出，侥幸逃亡。晋国朝中之臣皆以重耳贤德，纷纷离开晋国，追随重耳流亡诸侯各国。晋大夫郤芮、吕饴甥为知交，两人与夷吾的舅舅虢射，一同赶至屈地保护夷吾，护送夷吾至梁国。

申生自缢身亡后，骊姬害怕重耳、夷吾再起事端，向晋献公哭诉："臣妾听说重耳、夷吾意欲与申生同谋，申生一死，他们更加记恨于我。听说他们终日在蒲、屈两地勤加练兵，只怕是要趁机攻打绛城，夺取君位。两位公子图谋不轨，君侯不得不防啊！"晋献公将信将疑，不久，有报告称两位公子本来要来绛城朝拜，听说朝中事变，中途折返。献公以为重耳、夷吾不辞而别，

必有谋反，就命令勃鞮率师往蒲，擒拿公子重耳；贾华率师往屈，擒拿公子夷吾。

　　晋国大夫狐突认为重耳贤能，日后必成大器。他派次子狐偃连夜赶往蒲城，告知重耳，并让他与长子狐毛共同辅助重耳，以成大事。重耳听说晋献公要杀自己，大惊失色，赶紧与狐毛兄弟商议出逃之事。勃鞮人马追到蒲城外，蒲人打算闭门坚守，重耳说："父君之命不可违！"随后，他让人打开了城门。勃鞮攻入蒲城，包围了重耳的宅邸。重耳与毛偃逃到后花园，勃鞮提着剑赶至。毛、偃兄弟先越墙而出，准备在另一边接住重耳。重耳奋力攀墙，勃鞮追到墙根下，

　　🔶 春秋时期青铜帽

抓住重耳的衣袂，挥剑斩断衣服，重耳脱身而去。勃鞮带着重耳的一角衣服回去复命，毛、偃兄弟保护重耳逃往翟国。

重耳到了翟国，一干忠臣也随即赶到。魏犨建议说："公子居蒲数年，蒲城人都甘愿与公子同生共死。如果再借助戎狄之力，我们众志成城，大可杀入绛城。君侯误信谗言，诛杀诸公子，朝中早有怨言，闻讯必定群起相应。如此，杀梁五，诛骊姬，大快人心！公子又何苦流落异国呢？"重耳说："要除骊姬，不能逞一时之勇。如果惹恼了父君，我们未必是他的对手。"魏犨以为重耳胆小怕事，恨得跺足捶胸，责备他道："畏惧骊姬如同猛虎蛇蝎，什么时候能成大事？"狐偃拉住他，劝道："公子并非害怕骊姬，是不想落得不仁不义的骂名。"魏犨这才安静下来，不再提对抗献公的事。

大夫郤芮、吕饴甥以及虢射，想要扶助夷吾登位，就到屈地把献公派贾华带兵伐屈的事告诉了夷吾。夷吾立即下令组织兵力，严守城池，坚守以待。贾华本无意抓获夷吾，到了屈地，他故意拖延时间，放慢行军速度，又暗中派人前往屈地，告诉夷吾，让他赶快逃走，否则晋献公大军一到，就迟了。

夷吾和郤芮等人商量，询问说："现在重耳在翟国，不如我也前往翟国，二人也好有个照应，如何？"郤芮说："献公就是因为相信骊姬谗言，认为公子与重耳兄弟同谋，才出兵讨伐。如今公子再与重耳同往翟国，那骊姬就更有说辞了。献公如果知道重耳在翟国，一定会

重耳到了翟国，很快，晋国大臣赵衰、胥臣、魏犨、狐射姑、颠颉、介子推、先轸等人也赶来。众人相聚感慨良多，大家都表示愿意追随重耳左右，重耳感激不尽。

先去攻打翟国，不如我们逃往梁国。梁国与秦国近邻，秦国日益强盛。日后，公子还可以借助秦国力量回到晋国，夺取君位。"夷吾深以为信，遂逃奔梁国。

贾华回去后，献公大怒，要斩杀他。大臣丕郑父为贾华说情，梁五则向献公建议，夷吾平庸不足为虑，重耳多有贤名，朝中之臣皆愿随其左右，倾巢而出。如不能除掉翟国，重耳有了依靠，后患无穷。晋献公觉得有理，便免了贾华死罪。

勃鞮听说了贾华的遭遇，遂主动请缨带兵伐翟，双方在一个叫采桑的地方对峙有两个多月。丕郑父劝献公，父子之情不可绝，而且与翟国相持不下，晋国虚耗军力，反而成为诸侯各国笑柄。献公觉得他说的有道理，于是召勃鞮还师。

夷吾回国 ▶▶▶

№ 028

晋献公将重耳、夷吾兄弟逐出晋国后，立奚齐为世子。朝中之臣无不扼腕叹息，不少人都称病告老还乡。公元前 651 年，晋献公参加葵丘之盟未成，染疾归国。献公自知大限将至，考虑奚齐年幼，朝中重臣皆离他而去，便将奚齐、骊姬母子托付给荀息。里克与丕郑父合计杀了奚齐、骊姬母子，荀息自尽而死，里克等人于是迎夷吾回国即位。

公元前 651 年，齐桓公召集各路诸侯会盟于葵丘。晋献公年老体衰，在奔赴葵丘途中染疾在身，遂中途折返归国。献公卧病在床，骊姬抱其

齐桓公召集各路诸侯会盟于葵丘

足痛哭："君侯遭骨肉叛离，才逐尽公族，而立臣妾之子奚齐。倘若真有不测，我一个妇道人家，奚齐年纪尚幼，如果诸公子借他国之力夺君位，我们孤儿寡母无依无靠，可如何在人世立足？"晋献公叹息道："夫人不必担忧，太傅荀息是忠贞不二之臣，寡人会将你们母子托付给他照顾。"随即召荀息入宫。

晋献公临终托孤，荀息受命。不久，献公辞世，荀息按照晋献公临终所言，将年幼的奚齐扶上君位。骊姬也按照献公的意思，拜荀息为上卿，事事向荀息俱报。

里克、丕郑父等人看到献公已去，希望拉拢荀息，废除奚齐，迎回公子重耳。不想，荀息心如铁石，一心要奉奚齐为君。里克等人遭到拒绝，遂暗中谋划刺杀了奚齐。荀息护主不力，欲以死谢罪，骊姬将其拦住，称奚齐已死，可立卓子即位。荀息打消了寻死念头，立卓子为君。

里克、丕郑父密谋成功，让荀息等深感忧虑，打算以丧葬之名，派勇士屠岸夷行刺里克。屠岸夷与晋国大夫雅遄交情深厚，将这一计谋告知雅遄。雅遄

不齿骊姬所为，奉劝屠岸夷行义举，反戈相向，与里克等共谋大事。屠岸夷与其商议，不如将计就计，借机行事，并让骓遄转告里克做好准备，以防不测。

到了出葬那天，里克等人准时出席。荀息、梁五等没有想到屠岸夷会临阵倒戈，顿时大乱。幼主卓子被杀，荀息护主不成，激愤之下撞柱身亡。梁五、施优等拼死反抗，皆被斩杀。骊姬仓皇出逃，一路追兵不断，走投无路之下，骊姬投水自尽。里克等铲除了骊姬诸人，随即联名朝中诸臣，大家联名写了一封书信，盛情邀请公子重耳回国即位。

重耳收到信后，担心其中有诈，婉言谢绝。里克认为重耳贤德，想二次复请，大夫梁繇靡建议既然重耳不愿意即位，为什么不迎夷吾回国呢？里克认为夷吾贪婪而残忍，难成大器，不愿请他回国。梁繇靡说："夷吾比之重耳虽差，较之其他公子还好些。现在，重耳不愿回国，但晋国不可一日无君，还是请夷吾回国吧。"里克别无他法，只好答应下来。

夷吾逃往梁国后，娶梁伯之女，得一对子女。男孩取名为圉，女孩取名为妾。里克派人前往梁国迎请夷吾，夷吾

🔴 春秋中期 （秦）蟠虺纹鼎

早有此意，且时常密切关注晋国动静。听到里克派人请他回国，喜不自禁。这时，吕省（吕饴甥，一作吕甥）提醒他，里克趁乱杀了两位年幼的公子，迎重耳未果，又来请公子回国，只怕这其中有阴谋。夷吾害怕，于是贿赂秦国请求帮助，称如果秦国出兵护送其回国，定当把晋国河西地献给秦国作为报偿。秦国深以为然，遂出兵护送夷吾归国。

公元前 651 年，晋公子夷吾回国即位，次年，经周天子承认，夷吾正式成为晋国国君，即是晋惠公。

夷吾即位后，秦国派使臣向其索取河西之地。晋惠公翻脸赖账，称晋国大臣们反对他在流亡之际，擅自将先君打下的江山许给他国，他无能为力，由此拒绝了秦国索地的请求。晋惠公失信于秦穆公，秦穆公虽然生气，但碍于两国的姻亲关系，也只好作罢。

【中国历史知识小词典】

梁国

　　西周时期，秦国第三位君主秦公伯之子秦仲，在与西戎作战中以身殉国。周宣王为表其功，封其次子秦康为梁伯，封邑在夏阳梁山（今陕西省韩城市附近），定为梁国。公元前 641 年，秦穆公率大军进攻梁国，梁国被灭。梁伯的子孙为怀念故土先祖，就以梁为姓，形成了梁氏。

管仲论相 ▶▶▶

№ 029

齐桓公到了晚年时期，重用易牙、竖刁、开方等奸佞小人。公元前 649 年，周王室爆发了以王子叔带为首的篡位之乱。管仲奉齐桓公之命，带兵援助周天子。回来后不久，管仲就病倒了。齐桓公为此忧心忡忡，担心管仲撒手而去，自己跟前无可用之人。桓公本想让鲍叔牙在管仲之后接替相位，但鲍叔牙主动让贤，让桓公按照管仲的意思，任隰朋做了相国。

公元前 651 年，齐桓公邀请各路诸侯在葵丘（今河南民权）一聚。周惠王特意派卿士宰孔将祭祀用的胙肉赐给齐桓公，还免去他受赐时的拜谢之礼。齐桓公本不想拜，但管仲在一旁说："不可。"桓公只好下拜受赐。这年秋天，齐桓公又和各路诸侯在葵丘会盟。周天子仍然派宰孔前去观礼，桓公的骄傲，被宰孔看在眼里。

晋国晋献公死后，公子夷吾在秦穆公支持下，回国即位。这时的诸侯中，以齐、晋、楚、秦为强，但晋国内乱刚平，秦国地处偏远，楚国又以蛮夷自居，唯有齐国地处中原，自然而然成为诸侯各国钦慕的中原霸主，齐桓公因此愈发骄傲，当时的齐桓公身边有易牙、竖刁、开方等佞臣，他们为了讨好齐桓公不择手段。

周惠王在位时，非常宠爱庶子叔带，并打算废除王子郑储君之位，另立王子带。但这个打算没等实现，周惠王就去世了。王子带和他的母亲不甘心，就争取了郑、楚等诸侯的支持，意欲武力夺位。王子郑闻讯，请借桓公中原霸主之力号召天下诸侯助己。齐桓公慷慨答应，随后就与八国诸侯会盟，以吊丧为名在洛邑附近驻扎兵力，表示对王子郑的支持。王子带见到这种阵势，只好放弃计划。王子郑顺利即位，是为周襄王。公元前 649 年，王子带图谋篡位，勾结伊川、洛水一带的戎狄，围攻洛邑。秦国、晋国出兵伐戎救周，叔带逃奔齐国。管仲奉齐桓公之命带兵前去援助周天子，半

春秋晚期交龙火纹鼎

途听闻洛邑之围以解，遂折返回国。

这年冬天，管仲卧病在家，齐桓公亲自去探望。看到管仲瘦骨嶙峋，桓公握着管仲的手说："仲父如果有什么万一，寡人将依靠何人辅佐朝政？"管仲叹息道："可惜啊，宁戚先我一步走了！"桓公问："除了宁戚，仲父心中再无人选？寡人想让鲍叔牙来接替仲父之职，您觉得如何？"管仲说："鲍叔牙的确是一个君子，但为相不宜。他善恶过于分明，说一不二。亲近善人当然好，但过于厌恶别人的过错，又容易得罪人。叔牙看到别人过错，会铭记在心，这是他的短处。"

桓公问："隰朋怎么样？"管仲说："不是不可。隰朋不耻下问，鞠躬尽瘁，不过可惜啊！"他长叹了一口气，说："臣担心隰朋不能长久侍奉在您身边。"桓公着急了，"不然，易牙怎样？"管仲眼睛一瞪，胡子都翘了起来，生气道："您即使不问，我也要好好说说这件事。易牙、竖刁、开方这三个人，您是一定不能亲近的！"齐桓公辩解道："易牙为了改善寡人的伙食，连自己的儿子都烹了。这片忠诚之心，还有什么可怀疑的吗？"

管仲气呼呼地说："爱子之心人皆有之。易牙对自己的儿子都能下毒手，对

管仲的话后来被易牙听到，易牙气急败坏，向鲍叔牙挑拨离间，鲍叔牙哈哈大笑，还称赞管仲忠于国家，不徇私情，易牙灰头土脸，满面羞惭地溜走了。

您还能安什么好心？那个竖刁不惜自残来侍奉您，连自己身体都不爱惜的人，何谈忠君？卫公子开方宁可放弃在卫国的地位权势，投奔齐国，连父母过世都不奔丧。您以为他是冲着您的威名而来？错！父母亲情天经地义，对双亲如此残忍之人，怎能忠于他国之君？他的欲望和野心又岂是您现在所赐能满足的？"管仲的批评让齐桓公如坐针毡，他惭愧地问："这三个人在寡人身边已经不是一日两日了，为什么仲父平日不言不语呢？"管仲说："河岸有大堤挡着水才不致泛滥成灾，我管理朝政时好比大堤总挡着他们，他们才不敢在您面前胡作非为。现在臣倒下了，大堤要垮了，洪水就要泛滥，您自己要当心了！"桓公默然而退。

【中国历史知识小词典】

《管子》

管仲是春秋时期杰出的政治家、思想家，他的著作和言论以及管仲学派的著述，后来都被收入《管子》一书。汉代刘向编纂《管子》时共86篇，今存76篇。《管子》包含了道、名、法等流派的思想以及天文、舆地、经济和农业等方面的知识，是研究我国先秦时期文明的珍贵资料。

中国通史经典故事

晋惠公大开杀戒 ▶▶▶

№ 030

晋惠公夷吾奸诈多疑，当初里克不得已将其请回晋国，方立为晋侯。晋惠公为此心存芥蒂，对里克总有戒心。惠公即位后，重用虢射、吕饴甥、郤芮等人，疏远献公时期的旧臣，里克自然也在其中，他心里愤愤不平。晋惠公借助秦国之力回国即位，原本说好要将晋国河西之地送给秦国以作报偿。然而登上君位后，晋惠公对此再也不提。里克相劝，反更激起晋惠公的疑心。

里克欲迎公子重耳回国即位，遭重耳婉言相拒。里克迫于无奈，只好派人去请公子夷吾回国。夷吾心中非常高兴，但又担心里克会对其不利。和虢射、吕省、郤芮等商量后，夷吾决计请秦国出兵护送其回国登基，并允诺事成之后，以河西之地相赠秦国。同时，夷吾又写了一封书信给里克，信中先是大力称赞里克铲除奸贼，为晋国除了祸端，另外还表示，如果自己得了君位，一定给里克等人加封土地。

公元前650年，夷吾即位，是为晋惠公。当上国君后，晋惠公对当初允诺之事闭口不提，对虢射、吕省、郤芮等人大加封赏，里克为此心有不服。当秦穆公派人向晋惠公索要土地时，晋惠公不舍。里克劝其不要失信于人，尽早将答应的土地划给秦国。郤芮站出来反唇相讥，称里克不过是想为自己尽早得到封地找借口。

里克百口莫辩，下朝时，他发牢骚道："既然现在不舍，当初为何还要将先君打下的江山答应送给别人？"他话刚出口，旁边的丕郑父就用肩膀碰了他一下，示意他别再说下去。里克知道话说得有些过，可这一肚子气，他敢怒不敢言。

晋惠公即位后，一直担心权臣里克会废了自己，他便在军政要职中安插自己的亲信之人，架空里克。晋惠公的猜忌之心，让里克坐立不安。他深感伴君如伴

🔘 山西古都屯留县，公元前370年到前359年，为晋国都城12年。

虎，心念重耳，不禁对拥立夷吾为君颇有悔意，意欲废君。吕省向晋惠公建议：里克与丕郑父关系密切，应该将二人逐一铲除，以绝后患。不如先派丕郑父带上金银财物前去出使秦国，一来给秦穆公一个答复，二来可以借机分散他们二人的势力，便于他们先除里克。晋惠公随即假借出使秦国之名，命丕郑父前往秦国。郤芮害怕丕郑父与里克再有合谋，暗中派人跟踪他们，一探究竟。丕郑父担心被人察觉，不敢与里克多言，匆匆告别之后，即刻起程前往秦国。

　　里克听说丕郑父出使秦国，想要亲自送送他。等他去找丕郑父时，丕郑父已经出了城门。里克随即驾车追赶，没有追到悻悻而返。郤芮派去的秘探回来报告了整个事情的经过，郤芮又向晋惠公进言："里克对您削其军权早有不满，又因您不与其封地而心生怨怒。今天臣听说他自己驾车去送丕郑父，送了一程又一程，臣以为这其中必有秘谋。里克向来有心忠于重耳，立您为君非其本意。他若有意另立重耳，且与重耳里应外合，我们防不胜防。既此此，不如赐其一死，以绝后患。"晋惠公假意道："里克可是诛杀逆贼的功臣，有功于寡人，如今要寡人赐他一死，寡人于心不忍。"郤芮说："里克连杀奚齐、卓子，又杀忠臣荀息，罪大于功。他迎您回国，这是对您个人有恩；而伐其弑君之罪，是大义所在。难道您要为了一己私恩而忘了天下公义吗？"晋惠公沉思片刻，"好吧，就按着你说的办吧。"

　　郤芮按照晋惠公的指示，派兵包围了里克的宅邸，并让人向里克传话，称："晋侯说了，如果没有里克大夫，他不能成为一国之君，您的功劳他铭记在心。但是，您弑二君、杀荀息，作为君主，您让晋侯实在难做。所以，请大夫您自行了断吧。"里克大呼："欲加之罪，何患无辞？如果人死有灵，我有何面目见荀息？"说完，里克即拔剑自刎。

　　里克死后，晋惠公担心丕郑父等人趁机作乱，在郤芮等人鼓说下，又一举杀掉了丕郑父、祁举与七舆大夫（七人），一举铲除里克余党。晋惠公屠杀群臣，虽然消除了朝中的异类，但也因此搞得朝中人人自危，他在晋国的声威迅速下滑。

🐎 晋国春秋玉器和田籽玉饮水马

泛舟之役 ▶▶▶

№ 031

公元前 647 年晋国遭逢大灾年，颗粒无收，民不聊生。晋惠公想向别国买粮以度危机，思来想去，只有向秦国求助最为实际。可是有失约割地在先，晋惠公难开金口，在郤芮的劝说下，晋惠公厚着脸皮向秦国派出了使臣。秦穆公与群臣商议，大多数人认为晋惠公不义，晋人无辜，主张相助。穆公即调遣船队，走水道，将粮食运往绛城，史称泛舟之役。

公元前 647 年，晋国遭逢天灾，几无收成，饥荒严重。晋惠公着急了，和群臣商议解决之道。有人提出买粮之计，可是向哪个国家买粮成了问题。远的，远水解不了近渴；近的，大概也只有秦国，而且秦国这年也刚好获得大丰收，晋国又与秦国有联姻关系。但晋国对秦国有割地失约在前，晋惠公不好意思开口。

郤芮说："当初我们拒绝给秦国割地，只不过是暂缓割地，又没说当真食言。但如果我们这次向秦国求粮，秦国不给，那就是秦国不对。您有什么不好意思呢？"晋惠公觉得有理，当务之急是解决晋国粮食问题，遂派出使臣往秦国求购粮食。

秦穆公听了晋国使臣所说的情况，召集大臣商议。蹇叔、百里奚等都主张借粮给晋国，虽然晋惠公对秦不义，但晋人无辜。天灾不可避免，扶助邻国理所当然。穆公因为晋惠公有负于秦国，心里犹豫不决。

丕郑父之子丕豹为了躲避晋惠公追杀，来到秦国当了大夫。丕豹因为父亲为晋惠公所害，对惠公恨之入骨，一心要报杀父之仇，于是极力地劝谏秦穆公出兵伐晋："晋国正遇天灾，国力空虚，民心涣散，正是出兵攻打晋国的大好时机，您不待此时出手，难道要坐等良机尽失吗？"秦国大夫繇余说："仁者不趁人之危，不图人回报，必能得到人民拥护，这是天下大福。晋侯出尔反尔，不得人心。日后如若秦晋交难，晋人必不能忘秦国危难相扶之举，又岂会与秦国为敌？"秦穆公考虑再三，说：

春秋兽纹俎（前 770—前 476）长 24.8 厘米，宽 19 厘米。

秦穆公认为自己有恩于晋，而晋国不思回报，心里犹豫。蹇叔、百里奚认为天灾不可避免，助晋理所应当，主张卖粮。

"夷吾有负于寡人，这是他的不对，但晋人无过，寡人不忍心晋侯有负于我而让晋人忍饥挨饿。"

秦穆公答应晋国求粮之请后，即开始着手准备运粮的具体事宜，不想，新的问题出现了。

原来，晋国所需粮食数量巨大，秦晋两国相距甚远，中间隔着崇山峻岭。如果依靠牲畜，以车辆运送粮食，消耗既大，又会耽搁很长时间，最后大家商议走水道。秦国随即调集大量坚固的大船，每艘船都满载着粮食，从秦都雍城（今陕西凤翔南）出发，沿渭河东下。浩浩荡荡的船队络绎不绝驶过渭河，一场声势浩大的"泛舟之役"开始了。在西北风的推动下，秦国的运粮船队很快到达了渭河与黄河的交汇处。船队奋力摆脱黄河险情，横渡黄河之后，进入汾水。又经过数日行程，终于到达绛城。晋人争相迎接秦国随船人员，在秦国的及时援助下，晋国转凶为吉，渡过难关。

【中国历史知识小词典】

漕运 >>

漕字原本是水运的意思，后来演变成水运粮食的专用词，正因如此，才有说法将"泛舟之役"看做我国历史上漕运的开端。进入封建时代以后，漕运成为历朝历代将征自田赋的部分粮食运往京师或其他指定地点的重要运输方式，这些运送的粮食主要用于宫廷消费、百官俸禄、军饷支付和民间的粮食调剂。这种粮食被称为漕粮，漕运在日益发展中也形成河运、水陆递运和海运三种途径。

秦国的大义之举赢得晋人称颂，然而晋惠公却没有丝毫感激之情。泛舟之役第二年冬，秦国不幸发生灾荒，而晋国获得大丰收，秦穆公派大臣冷至前往晋国求粮。晋惠公和大臣商议此事，庆郑、韩简等都认为秦国不计前嫌帮助晋国渡过难关，无论如何晋国都应该伸出援手，助秦国一臂之力。邰芮、吕省等却认为，秦晋两国因割地不成，早已结仇，如果再向秦国运粮救灾，无疑帮助秦国壮大力量，不能答应。虢射更认为晋国应该乘着秦国灾荒，出兵伐秦；晋惠公认同了虢射的建议，拒绝了秦国的求粮之请。

冷至气呼呼地回到秦国，把事情经过向穆公一一回报。秦穆公气得火冒三丈，只恨不得亲自去逮了晋惠公，秦国群情激愤，穆公随即发兵攻晋。

韩原之战 ▶▶▶

秦国向晋国求粮不成，让秦穆公对晋惠公更为恼怒，随即下令出兵攻打晋国。晋惠公闻讯，整军备战。由于秦军同仇敌忾，晋军师出无义，士气不振，秦晋两国在韩原交战，晋军大败，晋惠公被俘。穆公对晋惠公早已痛恨不已，正预备将其斩杀以祭祀祖庙。大臣极力劝谏放过晋惠公，惠公的姐姐，穆公夫人也身着丧服为弟弟求情，穆公无奈，只好放过晋侯。

冷至回到秦国把晋惠公的原话转达给秦穆公，穆公大为震怒，遂率兵大举伐晋。晋惠公听到消息，赶紧调兵遣将，准备应战。因为晋惠公不仁不义，内杀诸臣，对外失信，让晋人深以为耻，很不得民心。再加上君臣不合，士气低迷。公元前645年，秦晋双方在韩原（今山西河津与万荣之间的黄河东岸）摆开阵势，一场大战在即。

晋惠公出征之前，大臣庆郑曾奉劝晋惠公承认错误，主动请和，割河西之地给秦国，免动干戈。晋惠公大怒，称割地求和乃奇耻大辱，让他无颜于世，甚至下令要杀了庆郑，以免惑乱军心。在众人劝解下，晋惠公才免了庆郑之罪。

晋惠公的战车所用的马为郑国所产的"驷马"，晋惠公平日对其甚为爱惜。但庆郑认为，自古以来出征之际所用的战马都出自本国。本国的马熟悉地形，性情温顺，服从号令，他建议晋惠公改用本国的马匹驾车，以免不利。晋惠公听不进去，斥责他："这是寡人的习惯，无需你多言！"随即喝令庆郑退下。

就在晋惠公指挥军队迎战秦军之际，晋惠公的战车突然散了架，惠公被摔到地上，狼狈不堪。晋军出师不利，士气大受影响，遂主动向后撤退，避开秦国锋芒，秦军因此反而群情高涨，士气高昂。晋惠公据守韩原，准备与秦军决一

秦公簋铭文，于甘肃天水西南乡出土。

【中国历史知识小词典】

战车百乘 >>

乘是中国古代战争中所用的战车的计量单位。战车的使用，据说源于夏启时。周代，车战兴盛，到后来，随战争规模的扩大，还有了"千乘之国""万乘之国"的说法。战车兵是春秋战国时期中原各国常置的一个兵种，是当时各诸侯国的军队主力。战车兵通常配备二或四匹战马、一辆战车、三名士兵，春秋时期，每辆战车还会辅以数量不等的步兵，以配合战车作战。

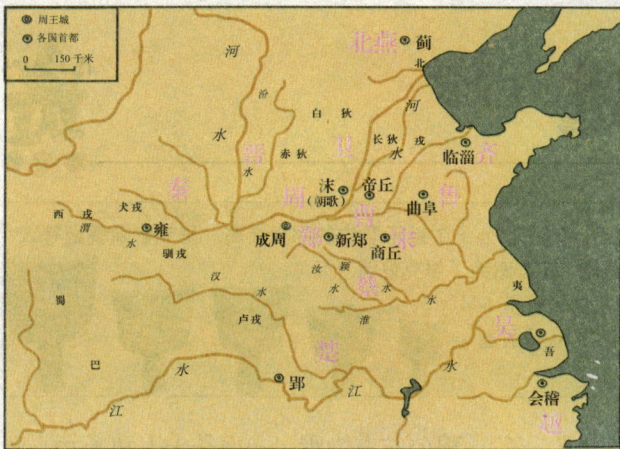

● 春秋形势图

死战。对这场仗的胜算，他心里没底，悄悄问庆郑："敌人都快打到绛城了，我们怎么办？"庆郑毫不客气地说："这可是您期待的结果啊，臣等只有拼死一战了，也请您与全军将士严阵以待。"

晋惠公哑口无言，又遣韩简前去探寻秦军实力，韩简回报说："秦军少于我军，但士气十倍于我。"晋惠公吃惊地问："为何？"韩简历数秦国有恩于晋侯之事，称秦军伐晋，士气甚锐，更不止十倍于晋。晋惠公面有愠色，反而长了斗志，即刻命韩简向秦军请战，称："晋国有战车六百乘，足以对付秦国。如果秦国退兵，这最好；如果不退，无奈这是三军将士的意愿，不打不行！"秦穆公对其嗤之以鼻，大笑："晋侯口出狂言，无须多说，让他放马过来吧。"随即，命公孙枝修战书一封，交予韩简，称："昔日晋侯回国即位，寡人出兵相送；后晋国遭灾，晋侯向秦国求粮，寡人倾力相救；今日，晋侯挑起战祸，寡人又哪有拒之不迎的道

理？"拿到战书的韩简不禁感叹："唉，秦国攻晋，大义所在，我将有幸成为秦国的俘虏啦！"

秦晋双方在韩原展开一场混战，一时间，战场上杀声震天，血肉横飞，刀光剑影一片混乱，两国君主也各自驾驭战车，驰骋于战场之上。很快，晋惠公的坐辇就陷入了秦国士兵的包围圈，晋军一看，也加紧攻势，将秦穆公包围起来。韩简催马赶至，命士兵迅速封锁对秦穆公的包围圈。交战正酣时，晋惠公拉战车的几匹马因为受惊过度，慌不择路中将晋惠公带入一片泥泞之地。车轮陷入泥地，挣扎不出，动弹不得，秦军跟随公孙枝呐喊冲杀过来。

晋惠公急得焦头烂额，这时庆郑骑马从秦军后方经过，惠公大叫："庆郑救我！"庆郑不禁幸灾乐祸，故意问："虢射在何处？您是在叫我吗？"晋惠公早忘了自己对庆郑的态度，只顾大呼："庆郑速来救寡人！"庆郑掉转马头，应道："您别急啊，我这就叫人来救您！"庆郑走出不远，觉得不妥，遂折返相救。可已经晚了，秦将公孙枝等已经合力围住晋惠公。庆郑大叫韩简相助，韩简眼看就要捉住秦穆公，听得庆郑呼救，只好赶将过来。秦穆公因此得救，秦军趁势反攻，晋军大败，韩简等救主不成，溃败而退。韩原一战，以秦国大胜结束，秦穆公俘虏晋惠公顺利回师。

重耳出逃 ▶▶▶

№ 033

晋公子重耳为人贤德，申生死后，他在诸公子中继承君位的呼声最高。里克铲除骊姬等人后，派人特意请重耳回国，重耳为避嫌，婉言谢绝了里克好意。夷吾即位后，深为重耳的存在感到困扰，公元前644年，晋惠公追杀重耳，重耳仓促起程，从翟国逃往齐国。

晋惠公因为自己的背信弃义，多行不义，使得晋国在诸侯中的名声日益下降，晋人对他更是大失所望。民间企盼公子重耳回国的呼声愈来愈高，这让疑心颇重的晋惠公寝食难安。重耳一日不除，他的君位就一日不得安稳。

公元前645年，秦晋韩原大战，晋惠公被秦军俘获，带往秦都雍城。秦穆公的夫人听说晋惠公被俘，为了救弟弟，她命人在宫中筑起高台，堆满柴火，带着儿子、女儿立于高台之上。她派人传话给凯旋的秦穆公，称如果秦国要处死晋惠公，她就要带着儿女自焚而死。秦

穆公左右为难，一面是夫人和子女，亲情难却；另一面是朝中诸臣和秦国军民，大家要求处死晋惠公的呼声一浪高过一浪。公孙枝建议，与其杀了晋侯，不如放其回国，命其速速割让河西之地，并以晋世子圉入秦为质，如此可使晋人感恩戴德，秦晋代代修好，秦穆公深以为然，遂放了晋惠公。

晋惠公归国的消息传入晋国，有人劝战场上对晋惠公见死不救的庆郑赶紧逃走，庆郑不肯。果然，晋惠公一回国，随即对其进行报复，逼死了庆郑。

晋惠公经过韩原一战，又被囚秦国数月，变得心事重重。郤芮问其故，原来晋惠公担心重耳回国夺他的君位。知道了晋惠公的心事，郤芮于是给惠公出主意道："留着重耳在别国，始终是个心腹大患，还是尽早动手，除了他才好。"晋惠公叹气道："如果真有人能帮寡人除掉重耳，寡人定当对其大加封赏。"

郤芮便向晋惠公推荐了当年在蒲城斩获重耳衣角的勃鞮，晋惠公随即召来勃鞮，密授机宜，勃鞮领命而去。晋惠

🐴春秋早期 龙纹簋，长28.5厘米；宽16.5厘米，高16厘米。

🔴 重耳和他的一干忠臣相扶相知，周游列国，虽历经磨难，最终苦尽甘来，回国即位，开创晋国春秋霸业。

公自以为密谋一事，神不知鬼不觉，殊不知天下没有不透风的墙。很快，他派人暗杀重耳的消息就被大臣狐突获悉。狐突大惊，即刻写了一封密信，差可信之人星夜兼程，赶往翟国，密告重耳。

狐突派去的人将书信交给了狐氏兄弟，重耳闻知详情，顿感悲凉。众人皆劝其离开翟国，另觅他处。重耳感叹道："我在翟国娶妻生子，这里就是我的家，我若离开这里，何去何从？"狐偃道："公子当真只有这样的志向？那我们跟着公子为了什么？我们这些人抛妻弃子，与公子出生入死，不是为了一己小家之利，是为了晋国千秋大业。待在这里不过是权宜之计，不能做长远打算。现在，我们也该到各个大国去走一遭了，好为您日后归国图大业做准备。"

重耳面有难色，问："即刻起程，我们该去哪家诸侯？"狐偃等认为齐桓公虽已是耄耋之人，但霸业尚存，而且管

仲一年前刚刚去世，齐国正缺贤能之人主持朝政。如果重耳能够入齐，必会得到齐桓公重用。重耳闻言，答应下来。回头即让大家各自安排家事，准备出逃。

由于事情紧急，重耳一行人来不及乔装打扮，匆忙出城，一路上惶惶如漏网之鱼、丧家之犬。重耳悄没声息地离开半天，翟君才得知他不辞而别，还想送他一些钱财以备不时之需，可已经赶不上了。

重耳刚走，勃鞮就赶到翟国。晋惠公原本给了他三天时间完事，但勃鞮因为之前在献公跟前抓获重耳不成，这次想在惠公跟前立大功，于是提早出发。孰料，机关算尽，迟了一步。由于翟君已在全国设置关卡，严加盘问过往之人，勃鞮不好追杀，只好无功而返，回去复命。

晋惠公听了勃鞮的汇报，没有办法，只能把这件事暂时搁置下来。

宋楚争霸 ▶▶▶

№ 034

齐桓公在位四十余年，曾有过三位正室夫人：王姬、徐嬴和蔡姬，但这三位夫人都没有生子。没有正室嫡子即位，齐桓公妾室的诸公子为了争夺储君之位，发生了激烈争斗。公元前643年，齐桓公立公子昭为继承人。但桓公死后，长卫姬勾结易牙等人趁机作乱，立公子无亏为君，公子昭逃往宋国。宋襄公联合曹、卫、邾等国伐齐，并想借此争霸诸侯。

公元前645年，管仲去世，齐桓公任用隰朋为相，数月后隰朋过世。桓公身边无人，请鲍叔牙主持朝政，鲍叔牙要桓公答应驱逐易牙等人，他才肯任相，桓公只好答应下来。但鲍叔牙执政一年，也过世。齐桓公没了一干忠臣犯颜直谏，又把易牙等召了回来。公元前643年，齐桓公病危，为了防止死后诸公子手足相残，他立公子昭为世子。然而，桓公尚未合眼，争斗就开始了。

诸公子忙于争权夺位，把自己即将离世的老父亲早已忘到耳后，齐桓公无人管无人问，被活活饿死。公子无亏的母亲长卫姬联合易牙等人，勾结宫中权势，赶走了世子昭，昭被迫逃往宋国。公元前643年，公子无亏被立为君。这时，所有人才想起了先君桓公，桓公死后数月无人过问，竟至"身死不葬，虫流出户"。无亏赶紧派人准

备后事，一代霸主齐桓公的遗体这才得以收敛安息。桓公死后，齐国的春秋霸业也随即由盛转衰。

公元前642年，宋襄公借送公子昭回齐国之名，联合曹、卫、邾共同伐齐。齐军兵败，无亏、竖刁等人被杀，公子昭即位，是为齐孝公。战胜齐国这样的诸侯霸主，宋襄公自以为了不起，萌生了称霸中原之意。但由于他对一些小诸侯国颐指气使，动辄兴兵伐过，因而很不得诸国敬重，宋襄公却浑然不觉。公元前639年，宋襄公召齐孝公、楚成王一起在楚国的鹿上（今安徽阜阳市南，也有说在今山东巨野县西南）结盟。

鹿上之盟，宋襄公常以盟主自居，言谈间春风得意，让齐、楚之君很是不满。齐孝公因为得宋国相助得

🔸 春秋蟠虺纹青铜豆，高17厘米，豆有微损，小环耳，无柄，器身近圆形，遍饰蟠虺纹，下承镂空圈足。

了君位，不敢喜怒形于色；楚成王虽是子爵，但楚国国力日盛，而他却隐而不发，因为楚国有自己的盘算。宋襄公会盟成功，非常兴奋。公子目夷提醒他，楚王有口无心，小心上当。宋襄公自信以诚待人，未加理会。

这年秋天，楚、郑、陈、蔡、许、曹等各路诸侯再度会盟盂地（在今河南睢县）。宋襄公决意不带兵赴会，公子目夷极力劝阻，宋襄公不听。诸侯会盟盂地，寒暄热闹后，到推举诸侯盟主之际，诸侯们却都面面相觑、哑口无言了。宋襄公本对盟主之位稳操胜券，现在大家都不说话，他按捺不住，就站出来提议推选。昔日齐桓公主盟，然而世事变迁，如今的盟主之位只能在宋、楚两国中择一，诸侯们谁也不想得罪，干脆来个缄默不言。令宋襄公没想到的是，楚成王竟然毫不客气地坐上了盟主的主位。宋襄公颜面全无！

宋襄公急欲辩理，只见楚成王身边及盟坛之下所列士兵个个褪去外衣，露出坚甲利刃，诸侯见状，吓得面如土色。宋襄公泥塑木雕一般，全没了神气。楚

打着"仁义之师"旗号的宋襄公

成王擒住宋襄公，当着诸侯的面，历数宋襄公几大罪状，诸侯唯唯诺诺，不敢声张。随后，楚成王拿住宋襄公，拔寨而起，直奔宋都睢阳。公子目夷趁乱逃回睢阳，汇报事有突变，请司马公孙固令宋军上下严防死守，以挡楚师。楚成王见宋国已有防备，捉住宋襄公也没多大用处，加之鲁僖公在旁说情，楚王就顺水推舟做个人情，放了宋襄公回国。

宋襄公回去后，不吸取教训，又于公元前638年讨伐亲楚的郑国。楚国出兵救郑，双方战于泓水（今河南柘城县北）。宋襄公不听公子目夷劝告，认为自己是仁义之师，不趁人之危搞偷袭。没能趁着楚军渡河之际先下手为强，等楚军过了河，又摆好作战阵势，才迎面出击，宋军大败。宋襄公自己在战乱中也挂了彩，但宋人没有同情他，反而对其多有抱怨。泓水之战，宋国损失惨重，国势就此衰落，不久，宋襄公也因伤而死。

【中国历史知识小词典】

诸侯会盟

周代到春秋战国时期，诸侯会盟是常有的事。这是当时诸侯分封制度条件下的产物，诸侯会盟通常由比较强大的诸侯组织牵头并发起，以强大的武力和政治、经济实力作支撑。会盟主要在于彰显强国实力，拉拢和左右他国，以称霸诸侯。诸侯会盟的发展，展示了礼制社会的历程，在一定程度上，成为先秦历史不可或缺的成分。

重耳周游列国 ▶▶▶

№ 035

重耳一行人离开翟国，逃奔齐国。齐桓公对其加以厚待，并将自己的女儿齐姜嫁给重耳为妻。在齐国的安逸生活让颠沛流离的重耳终于有了安顿下来的念头，他放弃了夺取君位的想法。然而世事难料，齐国在齐桓公过世后，陷入了内乱之中。重耳在赵衰、狐偃等人设计下，被带离齐国。此后，晋公子重耳真正开始了他周游列国的人生历程。

晋公子重耳带着狐偃、赵衰等心腹之人离开翟国逃往齐国，受到齐桓公热情欢迎。桓公对重耳厚待有加，不仅送给他数十辆车马，还把宗室之女齐姜许配给重耳为妻。重耳从此在齐国过上了安逸的生活，这样舒服的日子自然比整日提心吊胆、战战兢兢、颠沛流离的逃亡生涯要好过很多倍，时间稍长，重耳有了留恋之情，不禁萌生放弃争取君位的念头。狐偃、赵衰等看出了重耳有些动摇的苗头，认为要想让重耳回国即位，只有迫使他放弃当下的生活，所以决计带他离开齐国。

公元前 639 年，齐桓公去世，桓公的儿子们为了争夺王位发生争斗，引发了齐国内乱。赵衰等人认为桓公一死，齐国陷入多事之秋。原以为能借助齐桓公之力助重耳夺回君位，看来无所指望了，为了预防不测，更应该趁早离开齐国才是。赵衰、狐偃等人想要和重耳好好谋划一下出走他国的事，但重耳日日与齐姜朝夕欢饮，根本连他的面都见不着。一干人等不免焦虑，遂步行出城，来到了一片桑林。众人席地而坐，围成一圈，商议如何离开齐国。

正巧齐姜身边的一个女奴在桑树上听到了他们的谈话，回宫以后，女奴偷偷把这件事告诉了齐姜。齐姜害怕女奴把这件事声张出去，被有心之人利用，威胁到重耳的安全，马上把这名女奴杀

❀晋文公逃跑到当时的宋国受到宋国国君的欢迎，屋中左边一个人应当是重耳，右边一个人当是宋襄公。他们在商讨"赠之以马二十乘的事宜"。

中国通史经典故事

春秋时期蟠虺纹青铜敦

了。又担心重耳有危险，齐姜也好言相劝让其离开齐国，但重耳却铁了心，死活不肯。无奈之下，齐姜和赵衰等人一合计，在内宫假借设宴之名，把重耳灌得大醉，随即在狐偃等人帮助下，将其抬往宫外，齐姜执手相送，挥泪而别。狐偃等将重耳放上马车，星夜兼程，驱奔五六十里，才闻得鸡叫之声，天际微明。

重耳一觉醒来，发现自己身处异地，先是一惊，继而大怒，爬将起来，夺了一旁魏犨手中的戈追杀狐偃，亏得众人劝谏拦阻，才没有成功。重耳气咻咻地掷戈于地，众人一番好言劝导才罢了火气，随后诸人赶往曹国。

曹伯曹共公昏聩无德，耽于玩乐，重用小人。这些佞臣告诉他，说晋公子重耳有异相，生有重瞳，且肋骨连成一片。曹伯好奇心重，遂设宴招待重耳，却不以该有的礼节相待，重耳怒而不食。曹伯又安排人侍奉重耳沐浴，以消旅途劳顿。重耳觉得自己身上腌臜不堪，正想洗去尘垢，随即解衣就浴。趁着重耳沐浴之际，曹共公偷窥其裸体。重耳发觉，受辱大怒而对曹伯颇有怨心。曹国大臣僖负羁也为曹伯之举感到脸上无光，当即赶往驿馆向重耳致歉，并以白璧相赠，重耳再三不受。

公元前 638 年，楚国打败宋襄公不久，重耳到了宋国，得宋襄公盛情款待。次年，重耳路过郑国，郑国大夫叔詹劝郑文公对重耳以礼相待，郑文公却没有丝毫瞧得起流亡公子重耳之心，对重耳不予礼遇接待。

重耳到了楚国，楚成王设宴接待他，宴席之上，楚成王得到重耳"退避三舍"的承诺。楚国大夫成得臣（子玉）建议楚王马上杀死重耳，免除后患，劝谏未果。游历列国的最后一站，重耳到了秦国。秦穆公热烈接待他，并把 5 个女子许配给他，其中有秦穆公的亲生女儿怀嬴。

后来，正是在秦穆公的扶助下，重耳回到晋国夺回君位，成为历史上赫赫有名的晋文公。

中国通史经典故事

【中国历史知识小词典】

狐偃

　　狐偃为狐突之子，狐毛之弟，为春秋时期晋国一代名卿。狐姓与晋同祖，由晋族的一个支族入主戎狄部落后发展而来。狐突父子出自狐姓咎氏一族，狐偃姓狐名偃，字子犯。由于当年晋献公迎娶狐姬及其妹妹为妻，狐姬生重耳，其妹生夷吾。故有说法认为狐偃当年是与他的父亲、兄长跟随狐姬一道由戎入晋，所以他应该是重耳的舅家人，因此后世也称其为舅犯、同咎犯。

穆姬欲焚救惠公 ▶▶▶

№ 036

秦晋韩原一战，秦穆公活捉了晋惠公。在穆公夫人以死相挟下，穆公最终答应了夫人的请求，只取河西之地，并放了晋惠公。惠公回国后，即遣世子圉入秦为质；同时他在国内也趁着机会进行了一番改革，以取悦民心。晋世子圉在秦国娶了秦穆公之女怀嬴为妻，公元前 638 年，晋惠公病重，世子圉逃出秦国，回到晋国即位。

晋惠公在韩原一战被俘之后，秦穆公要带其回雍城。晋国大臣韩简等皆解冠散发，请求跟随晋惠公同往雍城，秦穆公安抚他们道："寡人本想向晋国求粮，但贵国君臣却要寡人以兵来取。寡人之所以要带晋侯前往雍都，并非要取他性命，你们不必太过于悲伤！"韩简等对秦穆公不杀之恩感激涕零。秦穆公快到雍城时，都城来报称夫人欲引

🔸 春秋动物纹提梁铜卣

火寻死，以求饶恕惠公。秦穆公被逼无奈，便先命人将晋惠公君臣看守起来，自己赶回雍城。

晋惠公被囚禁起来后，还不时抱怨穆姬见死不救，对韩简说："当初先君献公在位时，就有说法认为与秦国通婚不利于晋国。如果当初先君听从这话，也就没有今天这些事了。"韩简实在听不下去这些话，反讽道："先君自己废嫡立庶，又岂能怪与秦国通婚一事？再说，如果不是秦伯念在秦晋两国有姻亲关系，您还能在秦国帮助下，取得君位？当了国君，您出尔反尔，失信在先，且意欲伐秦，现在与秦国反目成仇，您是不是也该好好反省反省？"韩简一席话说得晋惠公再不敢多言。

秦穆公不想与晋国过多结怨，又碍于夫人情面，答应放晋惠公回国，并遣晋国大夫郤乞回国汇报情况。很快，晋国重臣吕省来到秦国，将河西之地地图、钱谷户口等具体事项尽数交予秦国。吕省害怕秦国食言，称国中不和，世子需主持大局，请秦穆公先放晋惠公入边境，

觉有愧于晋国，无脸面见晋人。吕省这番圆场之言感动了晋人，为晋惠公顺利回国平息了民怨，但晋惠公毫不知情。晋惠公回国后，在吕省等人帮助下，"作爰田"，即把田地分赏给众人，以鼓励耕种，增加国库收入；又"作州兵"，以增加兵员。这些举措，很大程度上取悦了晋人，使晋惠公的形象在晋人心中得以改善，晋国国势也为之大振。

公元前 643 年，晋世子圉到秦当人质；公元前 641 年，秦国灭梁；公元前 638 年，晋惠公病重。身在秦国的世子圉向怀嬴诉说心事，称自己的母舅家梁国被秦所灭，自己没了依靠，又为秦轻视，如今父亲病重，他欲回国看望父亲，请怀嬴与他同往。怀嬴不愿拖累于他，劝世子圉一人逃出秦国。圉于是跑回晋国，公元前 637 年，晋惠公去世，世子圉即位，这就是晋怀公。他的妻子怀嬴在重耳进入秦国后，改嫁给重耳。

● 晋惠公并没有信守自己的诺言，反而恩将仇报，最后终于战败被捕。穆公夫人也身着丧服为弟弟求情，穆公无奈，只好放过晋侯。

再让世子圉入秦为质。秦穆公问其详情，吕省与穆公就此展开一场精彩的对话。

吕省说："秦伯有所不知，晋国现在分为两派，君子一派认为晋国错在先，表示要对贵国感恩戴德。小人一派，不知其罪，一心想要报仇。现在两派相持不下，晋国不和。"秦穆公问："国中晋人都期盼晋侯归国吗？"吕省答："君子一派认为秦国仁义，必送晋侯回国，所以打算让世子入秦为质；小人一派认为秦国无义，必会杀了晋侯以泄愤，所以准备立世子为君，以对抗秦国。敝国之臣以为，伤君之心，惹小人之怒，于秦无益，我们以为秦伯也定不会如此。"秦穆公听完他的话，哈哈大笑："先生所言极是，正合寡人之意！"即刻，秦穆公便遣公孙枝与吕省共同护送晋侯回国。

惠公归国前，吕省派郤乞先行回国，假借晋惠公之名向晋人宣告，称晋侯自

【中国历史知识小词典】

秦晋之好

　　秦晋之好原本指春秋时期秦国与晋国之间的联姻，后来则泛指男女婚姻。晋献公在位时，将自己的女儿嫁给秦穆公，秦晋由此成为姻亲。后来秦穆公又将自己的女儿嫁给晋怀公，称怀嬴。圉后来只身回国争位，秦穆公对他抛弃怀嬴的做法很生气，又把怀嬴嫁给到秦国避难的重耳，怀嬴改称文嬴。秦晋两国虽时有争端，但因为有这层姻亲关系，所以即便出现冲突也能及时修好。

重耳归国即位 ▶▶▶

№ 037

> 晋惠公死，晋怀公即位后，晋国人心浮动，又响起一片呼唤重耳回国即位的声音。晋国不少朝中大臣也纷纷表示希望重耳尽快回国，国人对重耳的呼声愈见高涨。此时的重耳在秦国已经取得秦穆公的赏识与支持。公元前 635 年，秦穆公派兵护送重耳回国。重耳苦尽甘来，终于等到这一天。这年，重耳即位，晋怀公被迫逃往高梁，重耳派人把他杀了。

晋惠公临终之际，将世子圉托付给吕省、郤芮等人，一再嘱托要谨防重耳返国。这天夜里，晋惠公死了，吕省等立世子圉为君，是为晋怀公。

晋怀公即位后，害怕重耳在外策动政变，遂下令："凡追随重耳流亡列国者，身在国内的亲属要在 3 个月内将在外之人唤回。按期回来之人，仍然恢复原职，

晋文公

过去所为既往不咎。如若过期不至，将永不录用，并处死。但凡父子兄弟坐视不召其归国者，杀无赦！"晋怀公此令一出，晋国朝野上下草木皆兵。

老臣狐突的两个儿子狐毛、狐偃，一直追随重耳左右，这件事众人皆知。郤芮私下劝狐突赶紧给狐毛兄弟写信，催他们回国，狐突坚决不肯。郤芮于是跟晋怀公说："狐毛、狐偃兄弟皆有将相之才，重耳得二人相助，如虎添翼。臣私下劝过老人家，狐突固执不应。臣很难揣测他心里作何想法，希望您能够亲自过问一下此事。"晋怀公随即派人召狐突入宫。狐突预感此行会有不测，郑重安排了后事，与家人诀别。

晋怀公一见到狐突便问："毛偃兄弟二人在外，不知老人家可曾与他们通信，召其归国？"狐突毫不含糊地应道："不曾写信。"晋怀公见狐突一点没把自己的命令当回事，心里很不高兴，接着问："寡人有令，过期不归者，可是要连累家人的。您老不知道吗？"狐突正颜道："臣的两个犬子追随公子重耳不是一日两

日。忠臣事君，即便是死也绝无二心。臣的儿子忠于重耳犹如朝中之臣忠于您，别说召回他们，就是他们自己中途弃重耳不顾，逃奔回来，臣也会捉了他们，在祖宗面前亲手斩了，以表忠心！"

狐突的话气得晋怀公恼羞成怒，随即命卫士将刀架到狐突颈上，威胁道："现在后悔还来得及，如果您答应召两个儿子回来，寡人即刻免你一死！"说着，旁边已有人将书简捧至眼前。郤芮欲执狐突之手代写，狐突大呼："放手，我自己来！"

晋怀公大喜，以为狐突惧死，改变心意。谁知狐突执笔，在简上大书"子无二父，臣无二君"八个字。狐突此举着实激怒了晋怀公，晋怀公怒喝："当真不怕死？"狐突面不改色："为子不孝，为臣不忠，这才是老臣所怕的。死生人之常事，有何惧？"晋怀公大怒，处死了狐突。狐突家人闻讯，急忙逃奔秦国，告知了毛偃兄弟。

狐毛、狐偃兄弟听闻老父身死，捶胸大哭，赵衰等人皆来安慰。重耳获悉，也赶来抚慰，众人商议，晋怀公猜忌多

● 春秋鸟钮铜盖鼎
1971 年出土，通高 27.1 厘米、口径 13.9 厘米。

疑，残害老臣，于其父有过之而无不及。现今晋人也对其颇有怨言，不待此时回国，更要何时？重耳闻之有理，即将晋国内情相告秦穆公，请借秦国之力回国即位。秦穆公早有扶持重耳之意，随即派重兵护送重耳一行回归晋国。

晋怀公所为大失民心，晋国人心向背成定局。晋国大臣告病的告病，还乡的还乡，投诚的投诚，重耳途中没有受到多少阻挠，直奔绛城。晋怀公剩了孤家寡人一个，自知大势已去，只好逃往高梁避难，后被杀。

重耳 43 岁奔翟，55 岁到齐国，61 岁至秦，在外流亡 19 年，直到 62 岁方登基为君。但正是这样曲折坎坷的经历，让重耳对国计民生有了更深的体会，也正是这样才成就了他春秋称霸的功绩，让一代霸主晋文公在历史上留下浓墨重彩的一笔。

【中国历史知识小词典】

狐偃投璧 >>

公元前 635 年，重耳即将回到晋国。到了黄河边，众人要乘船过河。有人将过去所用的杂物尽数往船上搬运，欲带回晋国。重耳认为入晋后将回到原来那种锦衣玉食的生活，就让人把这些东西扔掉。狐偃向重耳进言，称自己有数桩罪过，无颜跟随重耳回国，恳请辞官隐退，并请重耳收回所赐的玉璧。重耳不应，狐偃即劝谏他不要忘记过去的磨难，并投璧入水，以警重耳。

晋文公不计前嫌 ▶▶▶

№ 038

重耳回国途中，晋惠公的旧臣吕省、郤芮奉晋怀公之命率兵阻挠。吕省、郤芮恐敌不过秦军，又担心重耳登基后，记恨前仇杀了自己。于是请重耳立盟誓，再议投诚一事。重耳应允，即位后，吕省、郤芮仍惴惴不安，生恐重耳加害于己。遂商议谋害重耳，勃鞮闻之向文公揭发了两人。吕省、郤芮东窗事发，仓皇出逃。重耳不计前嫌，以勃鞮立此功而对其加以重用。

晋文公即位后，晋国上下齐心拥戴。晋惠公父子两代旧臣吕省、郤芮却因为迫于秦国之威，一时投降，作为前朝旧臣、降臣，面对文公，两人难免战战兢兢，唯恐重耳怀疑他们有二心，加害于己。重耳即位数日，没有任何赏功罚过的动静，这让吕省、郤芮更加狐疑。两人愈想愈怕，决计与其坐等处死，不如趁着重耳位子没坐稳，起兵造反，杀了重耳，另立新君。又担心仅二人之力尚不够成大事，于是想到勃鞮。勃鞮两次追杀重耳不成，与重耳结成深仇。如今重耳即位，勃鞮必定比他们更加畏惧，这么一合计，两人即刻把勃鞮邀请来，密谋大事。

吕省、郤芮将火烧王宫之计告知勃鞮，勃鞮欣然称赞。三个人郑重其事歃血为盟，约定好起兵谋

反的时间和地点，吕省、郤芮随后各自返回封邑，暗中召集人马，筹备逆谋之事。

吕省、郤芮一厢情愿把勃鞮当成自己人，勃鞮却暗自思量："当初追杀重耳不成，怕也是天意。不过人各为其主，也不怕说三道四。可如今重耳即位，人心所向，再干这样大逆不道之事，别说天意或可不容；就算事成杀了重耳，他跟前那些誓死相随的豪杰之士也不会放过我。与其落个骂名，不如私下去向重耳自首请罪，告发吕省两人，以退为守，未见不可。"他拿定了主意，转念又一想，自己得罪重耳，带罪在身，恐不便相见，于是深夜前往狐偃府中，请狐偃代为引见。

狐偃听说他有机密之事相告，随即带他前去拜谒晋文公。文公听狐偃所言，认为这不过是勃鞮为求自保的托辞，不予相见。狐偃劝道：

春秋早期交龙纹壶，高40厘米。

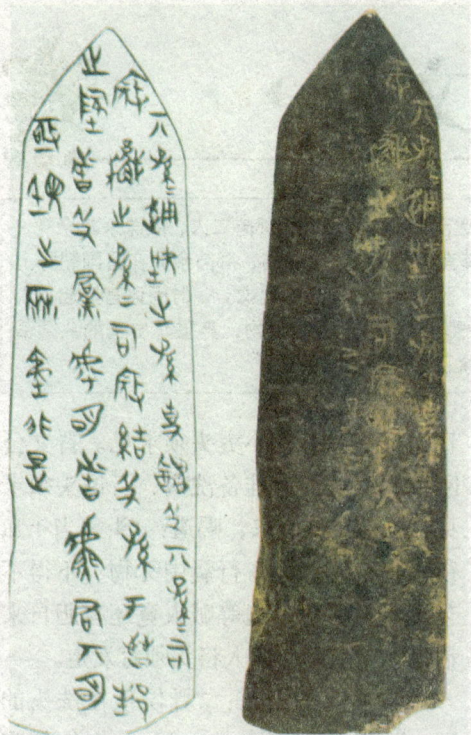

春秋（晋）侯马盟书

"圣人兼听则明。您刚刚即位，正应该捐弃前嫌，广纳忠言，不可拒之门外呀。"晋文公对勃鞮过往所为不能释怀，便让人向勃鞮传话，称自己对其昔日追杀之事记忆犹新，甚为寒心，劝其尽早逃命，否则后果难测。

勃鞮闻言，纵声大笑："晋侯在外奔走十九年，难道尚未参透人情世故？先君献公，是您的父亲；先君惠公是您的兄弟。父犹能杀子，弟犹能仇兄，更何况一个小小的勃鞮？献公、惠公在位时，勃鞮不过是奉命行事的臣子，臣子忠于君事，我怎能放过当年的公子您？昔日有管仲箭射齐桓公，桓公尽弃一箭之仇，

任其为相，成就霸业。试想，如若当年桓公修一箭之怨，其霸主之业又从何谈起？现在，晋侯对我耿耿于怀，但我若就此离开，只怕您离灾祸就不远了。"

狐偃认为勃鞮话外有音，料定必有大事发生，坚决请见。在狐偃再三请求下，文文公召勃鞮面谈。勃鞮将吕省密谋一事据实相告，并献计请晋文公携狐偃秘密微服出城，往秦国求兵，自己请命留晋，为诛杀吕省、郤芮做内应。文公纳其所言，次日便对外宣称身体染疾，免朝数日，赵衰等人皆被蒙在鼓里，信以为真；吕省、郤芮自然更不知情。

吕省、郤芮以为重耳当真卧病在床，勃鞮为防二人起疑，与其日日亲近，详议逆谋大事。吕省等借文公生病，趁夜放火焚宫，结果遍寻内宫，不见重耳踪迹。吕省方寸大乱，勃鞮又假称赵、魏、狐、栾等大夫各率亲兵赶来救驾，建议他们赶紧逃走。吕省、郤芮无计可施，只得依从逃亡秦国。重耳在秦穆公帮助下，假意接纳吕省等人，骗其入雍城，杀了两人。

【 中国历史知识小词典 】

郤芮

郤芮姓姬，出自姬姓郤氏（郄氏）一族。晋献公在位时征伐翟人，战斗中，公族子弟叔虎奋勇战敌，带领晋军攻破翟人阵营，大败翟人。为表其功，晋献公把郤邑（山西泌水下游一带）封给他。叔虎的二儿子郤芮后来又被封在冀邑（今山西河津东北），又称冀芮，后衍生出冀芮一族；三儿子郤义的后代后来衍生出温氏。郤芮在晋献公时期，接替叔虎大夫，后成为夷吾的党羽。

中国通史经典故事

头须求见晋文公 ▶▶▶

№ 039

晋文公平定吕省、郤芮之乱后，追恨吕省、郤芮二人，欲诛杀其余党。赵衰劝谏宽以待人，文公纳其言，大赦天下。吕省、郤芮余党在晋国朝野上下人数甚众，众人看到赦文，不敢全信，仍心存疑虑。一时间谣言四起，人心惶惶，晋文公为此甚为忧虑。当年卷走重耳财物，弃重耳出逃的头须请见，晋文公在其帮助下，消除了众人顾虑。

头须原本是重耳跟前的一名小官吏，当年重耳被勃鞮追杀，打算从翟国逃往齐国。因为事出紧急，来不及收拾行装就匆忙先行出城。临走之际，重耳吩咐壶叔整顿车马，命头须收拾财物行囊，但头须卷走财物擅自逃离。等重耳等人发觉少一人时，他早已不知所踪。重耳又气又急，非常苦闷！此后，因为身无分文，他们一路狼狈不堪，受尽屈辱，吃尽苦头。这些，重耳自不能忘。

重耳即位后，平定了吕省、郤芮之乱，却为平抚吕省余党日日忧虑，忽一日闻报，称有一小吏头须求见。晋文公刚把头发解开，准备洗头，听说头须求见，不由怒从心来，喝道："头须当年私窃财物，使寡人一行囊中无物，不得不乞食于卫、曹。这等贼人竟还有胆自来请见？"随即，命人将头须打发走。

头须问来人道："晋侯正在洗头的吧？"来人吃了一惊，问："您如何晓得？"头须说："我听说洗头时，人要俯首弯腰，这样一来，其心必然颠倒；心都乱了位置，言语自然也会颠倒，所以我求见时他才不愿见我。我知道晋侯宽宏大量，能容得下勃鞮，又大赦吕省、郤芮余党，为何独独不忘头须之过？我此番前来，本意是想向晋侯献上安邦定国之策，现在晋侯拒绝见我，看来我是来错了，请转告晋侯，就说头须以后再也不会回来了。"

来人把头须的话

🔴 晋文公复国时期齐桓公送给晋文公马匹

晋国墓猪尊。尊，是古人祭祀和生活中使用的酒器和礼器，商周时期，尊的地位尤其尊贵，是其时的贵族乃至王侯墓葬中不可或缺的陪葬品。

转给晋文公，晋文公疾呼："寡人太小气了，快请头须进来！"说着又赶紧整装束发，备好仪容，以接见头须。头须见到文公，先向他叩首谢罪，晋文公忙请免礼。头须向晋文公询问了吕、郤余党的现状，献计说："当年臣窃取您的财物，使您饱受饥馑，这件事晋人皆知。如果现在您重新任我为车夫，为您御辇巡城，则全国之人眼见为实，必定认为您不念旧恶而信任于您，那吕、郤余党见状，疑虑自会顿消。"晋文公甚觉有理，欣慰地道："这是个好主意，就按照您说的办。"

晋文公按头须计策巡城，让头须为自己执鞭驾车。听说晋侯的车队出来巡城，晋国人都出门看热闹。吕、郤的余党看到头须坐在车前驾车，私下议论说："看来，晋侯大赦的命令当真不假。他连头须这样窃君财物之人都能录用，更何况我们这些与他并无直接嫌隙的前朝旧臣呢？"此后，晋国弥漫久矣的谣言渐渐消失。晋文公因头须此功，任用他掌管国家府库，晋国由此得以安定。

重耳有两位妻子，第一任徐嬴过世较早；第二任偪姞，为他生下一子一女，儿子姓姬名欢，女儿叫伯姬。偪姞后来死于蒲城，重耳从蒲城出逃时，两个孩子都还年幼，只好忍痛割爱，将他们留在蒲城，幸而头须收留了他们，并将他们寄养在蒲城一户姓遂的人家。重耳一直以为两个孩子早已死于兵刃之下，一日听头须说子女尚在，重耳大喜。

头须借机进言，称："臣听说自古'母以子贵，子以母荣'。晋侯当年周游列国，与各国诸侯结交婚姻，散叶开枝。如今公子欢已成人，但其母早逝，公子无所依，臣不知您心里对储君之位是如何想法，所以不敢贸然带公子与您相认。"晋文公叹道："头须啊，如果你不说这件事，不是要让寡人背负为父不仁之名吗？"随即命头须前往蒲城，以厚礼感谢遂氏，把两个孩子接回绛城，并交给怀嬴照顾。

公子欢长得一表人才，气宇不凡，怀嬴和晋文公都非常喜爱。不久，晋文公就下令立姬欢为世子，同时将伯姬赐与赵衰为妻，谓之赵姬。

【中国历史知识小词典】

晋襄公

姬欢生母偪姞是偪国姞姓中人，公元前628年，晋文公逝世，世子欢即位，是为晋襄公。公元前627年，晋襄公以先轸为帅，于殽山大败秦军，俘虏了秦军白乙丙、孟明视、西乞术"三帅"。晋襄公的养母文嬴向襄公请求释放"三帅"归秦，襄公答应了她。先轸因此大怒，继而"不顾而唾"，襄公未治其罪，宽恕了他。后先轸与狄人作战，身死谢罪。公元前622年，晋大夫赵衰、狐偃、栾枝等人去世。公元前621年，晋襄公崩，赵盾摄政。

介子推不受俸禄 ▶▶▶

№ 040

中国通史经典故事

> 重耳从翟国逃往齐国途中，因为财物被头须窃走，一行人没有盘缠，又不愿行劫村掠舍等不义之举，只好饿着肚子赶路。食无可食，忍无可忍之际，介子推割股之肉以解重耳之饥。重耳当上国君，对随行流亡的有功之臣大加封赏时，却把介子推这样的股肱之臣忘在了一边。介子推不受俸禄，背着自己的老母亲隐于深山野谷。重耳为逼子推出山，放火焚山，介子推和他的母亲抱树而死。

重耳君臣逃往齐国路上，由于没有资费，一路风餐露宿，饥寒交加。经过卫国时，卫文公闭门不纳；路遇农夫，乞食不成还遭其耻笑。农夫以土为食请食之，重耳受辱大怒，执鞭欲打。狐偃拦住他，劝道："土地乃社稷之本，得饭易，得土难。这是上天借乡野之人给您吉兆，应该感到高兴才是。"重耳听从狐偃所言，遂下车向着田地拜受。

君臣继续赶路，无奈饥肠辘辘，早已没了力气。介子推将自己大腿上的肉割下了一块，煮成肉汤供重耳解饥。重耳垂泪痛哭："都是我这个落难之人拖累了你们，日后我何以为报？"介子推淡定地说："臣等只希望公子能早日归国，拯救晋国于危难之中，又岂敢贪图什么回报呢？"正是在这样的相扶相助下，重耳一行最终得以到达齐国。

晋文公即位后，介子推认为狐偃等人贪图富贵名利，不屑与其同朝为官，萌生退意。晋文公平定了吕、郤之乱，又使头须之计，令国内谣言尽散。之后，他大会朝臣，对一班有功之臣按功劳大小

介子推，后人尊为介子，晋国大臣，夏县裴介村人（今山西省灵石县旌介村）。

封官封邑，以跟随自己流亡列国为头等之功，以钱财资助者次之，投诚相助者再次之；三等功劳之外，又按照功劳大小、轻重，再行分封。这其中，第一等从亡者中，以赵衰、狐偃为最；其他狐

毛、魏犨、狐射姑、先轸
等次之。第二等送款者，以
栾枝、郤溱为最，其他士
会等次之。第三等迎降者，
郤步扬、韩简为最；其他
梁繇靡、郤乞等次之。封
赏众臣后，晋文公还命人
在城门之上张贴布告，称
如有尚未得封之人，可自
行请见，按功论赏。

ⓐ 介子推母子雕像

介子推在晋文公登基
后，借口身体有疾，托故不朝，此后少
有露面。文公忙于应付国内之乱，也对
其无暇关注。介子推在家里，勤谨侍奉
老母亲，日子过得很清贫。他的邻居见
子推未得封赏，很是不平，就去问子推，
子推笑而不答。邻居走后，他的老母亲
问他："你追随晋侯 19 年，还曾割股救
君，劳苦不小。为什么你不说呢？你要
得了封赏，日子不是比现在要过得舒服
多了？"于推认为重耳贤德，扶助他即
位是天意使然，非个人之功。他不敢贪
心，将天意据为一己之功。但朝中的大
臣不知，居功请赏，自己不愿与其为伍。

子推的老母亲说："你不愿在朝为官，

也应该入朝见见晋侯才对，得让他知道
你当年割股的功劳。"子推笑道："孩儿
既然对晋侯无所求，那见不见他又有何
妨？"老人家叹了口气，说："也罢也罢，
我儿要成为天下廉士，我一把老骨头还
能拖你的后腿？罢了，咱们母子还是归
隐山林去吧，不要混迹这市井之中了。"

子推听了母亲的话，大喜："孩儿正
有此意，这就带您去！"随即背上母亲，
悄无声息地离开了都城，再也没了踪迹。

子推的邻居写了封信，贴在朝门上。
晋文公得知后，大吃一惊，为自己冷淡
子推后悔不迭。在子推邻人带领下，文
公亲自去迎接子推，结果却是人去屋空。
闻其隐于绵山，为求子推，文公使人四
下搜寻，求之不得。魏犨建议放火焚山，
逼子推出来，文公应允。他没有想到，子
推心意决绝，誓死不出。大火烧了数日
熄灭后，众人搜山，在一棵枯柳之下发
现子推母子的遗骨。晋文公痛哭流涕，命
人安葬子推母子在山下，并立祠祭祀。

【中国历史知识小词典】

寒食节

寒食节亦称"禁烟节""冷节"等，在清明
节前的一两天。民间要禁烟火，只吃冷食，后
来，又增加了祭扫、踏青等风俗，是我国民间一
项重要的祭日。相传寒食节就源于介子推抱树焚
身的故事，晋文公在子推死后，下令于子推焚死
之日禁火寒食，以寄哀思。寒食节当天，家家插
柳于门，或在野外祭奠，以招子推之魂。

中国通史经典故事

晋文公勤王 ▶▶▶

№ 041

公元前 649 年，周王室发生了王子带之乱。周襄王在诸侯国的帮助下，击败了王子带，王子带逃奔齐国。但事情过去不久，溺爱王子带的惠太后心疼不已，在她的极力哭劝下，周襄王又将王子带召回洛邑。周襄王娶翟国之女叔隗，叔隗与王子带私通。事发后，王子带再度谋反，周襄王兵败，被迫逃亡。晋文公欲与秦国争霸，抢先救助，史称晋文公勤王。

郑国是春秋时期首先称霸的诸侯国，但郑庄公之后，郑国陷入诸子争储的混乱之中。郑国经历了几次君主更迭，国力衰弱，声威日减，到郑文公时，郑国已经沦为楚国的附庸。郑文公是郑厉公姬突之子，他本领不大，却自以为是。当年重耳经过郑国，郑文公拒绝以礼相待；仗着楚国在背后撑腰，郑文公又恃强凌弱，几度兴兵攻伐亲卫背郑的滑国。公元前 640 年前后，郑国攻打滑国，滑伯被迫服从，但郑国退兵后，滑国仍旧与卫国示好。公元前 636 年前

🔘 春秋牛角形耳云纹铜鼎，整体高度：22.8 厘米；直径 19.8 厘米。

后，郑文公再度伐滑。滑国向卫国求助，卫文公将这件事报告给了周襄王。

周襄王派大夫伯服前往郑国，为滑国求情。但郑文公不买周天子的帐，称周天子厚此薄彼，偏袒卫国，并让人在半路上抓了伯服。周襄王获悉，火冒三丈，决计伐郑。大臣颓叔、桃子建议向翟国求助。翟国是狄人后裔，大夫富辰力谏，不可借外族之力欺同姓之人。周襄王不听，向翟国借兵，在翟国帮助下，王师大破郑都栎城。周襄王以翟国有功于王室，欲与翟国联姻。颓叔、桃子趁机进言，称翟国二女叔隗皆有美色，前叔隗已嫁晋侯，后叔隗尚待字闺中。周天子随即遣颓叔、桃子往翟国求婚。富辰再劝，周襄王不听，迎立叔隗为后。

周襄王的弟弟王子带在公元前 649 年曾发动过一场政变，事败后逃往齐国。公元前 638 年，周襄王在惠太后的哭劝和富辰等人劝谏下，将王子带从齐国召回。王子带回到洛邑，没有丝毫悔改之意，照旧胡作非为。叔隗立后后，他很快与自己的嫂嫂暗中勾搭上。周襄王知

【中国历史知识小词典】

勤王>>

　　勤王指君主制国家中君王有难时，臣下（比如诸侯）起兵救援君王（或皇帝）的行为。勤王之举多发生在君主的统治受到威胁而动摇之际，臣子们所带领的军队美其名曰勤王之师。历史上勤王的事例不胜枚举，周幽王烽火戏诸侯就是拿严肃正经的勤王开玩笑，结果引来群侯怨恨，导致亡国。勤王的目的不尽相同，有的为清君侧，有的为挟天子以令诸侯，如东汉末年董卓之举。

道后，废除了叔隗，将其囚于冷宫。王子带闻讯，仓皇逃出京城。由于立叔隗为后是颓叔、桃子出的主意，叔隗丑闻事发后，颓叔、桃子害怕周襄王追究责任，也跟着逃出洛邑。二人追上王子带，并向他建议前往翟国，请翟国相助，杀回洛邑，营救叔隗，夺取君位。

　　公元前635年，翟君受王子带等人蒙蔽，率兵攻打洛邑。王师大败，大夫周公忌父、原伯、毛伯等被俘，富辰战死。周襄王不敌狄人，出逃到郑国汜地（今河南襄城县境）避难。其他诸侯闻讯，纷纷赶来献殷勤。有人建议：秦伯仁义，有蹇叔、百里奚等人辅佐；晋侯为新君，又有赵衰、狐偃等能人相助。勤王大任，唯有这两国可担当，其他诸侯指望不上。周天子从之，即派人往秦、晋求援。

　　周天子发出求救信号，晋文公认为这是获得勤王的好机会，狐偃、赵衰等也建议效仿齐桓公，以尊王为大义。晋文公按照他们的计策，一面组织兵力前往营救周天子，一面派人去通知亦有勤王之意的秦穆公，称晋国已出兵，请求秦国退师；同时又贿赂戎狄借道，欲赶在秦国之前解救周天子。

　　秦穆公与群臣商议是否退兵，百里奚等认为机不可失，不可错过。但秦穆公以为晋侯初政，正需要立功树威，又考虑道路不便，恐戎狄背后作梗，遂下令班师回国，把勤王的大功让给晋文公。

　　晋文公带兵前往王子带据守的温地，温人听说周王复位，打开城门迎接晋军，王子带、叔隗、颓叔、桃子诸人混战中被杀。晋文公平定王子带之乱，这一仗大大提升了晋国在中原诸侯中的威望。

中国通史经典故事

🦌 重耳由翟奔齐

晋文公示信伐原

№ 042

晋文公率兵攻破温地，杀了王子带等人。周襄王闻晋军大捷，对晋文公大加犒赏，并赐阳樊（今河南济原县东南）、温（今河南温县）、原（今河南济原县北）、攒茅（今河南修武县）四邑给晋国，"晋于是始起南阳（今河南西北位县、济原一带）"。原本是周卿士原伯贯的封邑，周天子夺其邑与晋，原伯贯不服，晋文公辗转伐原。

周天子将阳樊、温地、原、攒茅赐封给晋文公，文公自是感激不尽，但这四邑是否听从周天子号令，归顺晋国还是个未知数。晋文公亲自送周襄王回到洛邑，领赏受封后，班师回国。途中，晋文公兵分四路，使魏犨前往阳樊，颠颉前往攒茅，栾枝前往温地，文公自己带着赵衰等人亲自前往原地。原地本是原伯贯的封邑，原伯在王子带变乱中兵败被俘，周襄王怨其无功，于是夺其邑与晋侯。晋文公担心原伯因此心有怨气，所以亲自前往。

这边颠颉至攒茅，栾枝至温地，两地的周朝守臣听说晋军平定王子带之乱，已护送天子回洛邑，群情高昂。城内守将没有丝毫抗拒，大开城门迎晋军入城，还备以酒食犒赏晋军。攒

茅、温地不动一兵一戈主动臣服，不过另一边阳樊、原地却没有这么好说话。阳樊守将苍葛坚决不迎晋军入城，魏犨性急，暴跳如雷威胁道："如果早早臣服，我不会动一兵一卒。如若不听劝告，待我攻破城池，定将屠杀全城！"

苍葛率领城中军民，持械登城，向魏犨喊话："堂堂周天子所剩土地屈指可数，晋国还要接受四邑，与趁火打劫有何异？昔日文王、武王以仁义之德统领华夏，以武力令夷狄降服。我与晋侯同为王臣，阳樊又是京畿重地，这城内中人，不是王族就是贵戚。晋侯怎好以武力相挟？"魏犨被苍葛说得无言可对，不敢贸然下令攻城，于是派人速去报告晋文公。

晋文公接到魏犨急报，知道他遇到了麻烦。

春秋战国时期的酒容器。此酒容器是公元前 6 到公元前 5 世纪初的中国青铜代表作，当时中国青铜器铸造正处于鼎盛和转变时期。

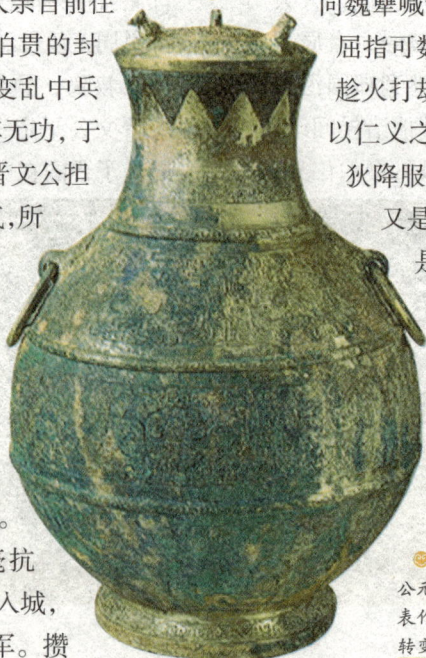

● 春秋时期的铜鱼钱（长度8厘米左右）

了解阳樊的情况后，他随即修书一封，遣人带给苍葛。晋文公在信中称周天子赐四邑之地，他不敢违天子之命。如果阳樊人愿意回到洛邑追随周天子，他不会加以阻拦，是去是留，请阳樊人自行决断。魏犨接到晋文公书信，即刻放缓进攻，将书信差人转给苍葛。苍葛看到书信，很快下令全城，"愿归周者去，愿从晋者留"。之后，苍葛带着大半之人迁出阳樊，阳樊得以收服。

原伯贯听说苍葛弃城而去，心里大惊，即命人封锁消息，并对外宣称："晋军包围阳樊，阳樊城破失守，城中平民尽遭屠戮。"原地之人闻讯，又惊又恐，对晋军更加厌恶，守城之心愈加坚定。

晋军攻城不下，赵衰向晋文公建议，原地人所以不愿降服，定是因为不能取信晋侯。如果让他们相信晋侯守信守义，则原地不攻自破。晋文公按照赵衰的计策，命全军将士准备好三天的食粮，并向城中原人宣告：如果三日攻原未果，当即退兵而回。

三天很快过去，晋文公稳如泰山。到这晚夜半时分，有原城之人偷偷从城墙之上垂绳而下来到晋营，向晋文公报告，称城中已有传闻说阳樊之民并未遭屠戮，原伯贯欺人，所以大家商议明晚私自打开城门，迎晋军入城，晋文公拒绝了来人的好意，坚持自己的三日之约。军中又有人劝文公多留一天，夺取原城。

文公说："国君的诚信，是国之宝物，民之所依。如果多留一日，寡人将失信于民，即便得了一城，以后又如何再取信于民呢？"第二天黎明，原人见晋军果不食言，解围撤兵。大家争相奔告，称晋侯为有道之君，城中之人纷纷自行垂绳而下，追随晋军。原伯贯阻拦不住，只好打开城门放行。晋文公带着大军走到半路，原伯贯派人送来了降书。晋文公随即掉转车马，折回原城。

之后，晋文公仍对原伯贯以王室卿士之礼相待，将其迁往别地，令赵衰为原大夫，兼管阳樊；以郤溱为温大夫，兼守攒茅。

【中国历史知识小词典】

古代城池

我国古代的城市布局中，城与池相辅相成，缺一不可。城通常指由城墙所圈起来的建筑以内部分，池一般是城墙之外的护城河。护城河作为城郭的屏障，保护城郭免遭破坏。同时，也为城市发展提供了交通条件。一个完整的城池必然少不了城墙、城壕、月城、城门、城楼等组成部分。城墙是用来防御外敌入侵的主体建筑，有内外之分，内城墙为城，外城墙为通常称为郭。

展喜退齐兵 ▶▶▶

№ 043 ●━━━━━━━━━━━━━━━━

晋文公得周天子赐封温、原、阳樊、攒茅四邑，疆域得以进一步扩展，国威日盛。晋国的强大，让其他诸侯看得眼红。齐孝公也有了继承桓公霸业的想法，公元前634年，齐孝公兴兵伐鲁。鲁僖公与群臣商议，大臣臧孙辰认为与齐国交恶有弊无益，鲁僖公任用柳下惠展获（字子禽）之弟展喜出使齐国，游说齐孝公退兵。展喜不负使命，成功使齐退兵。

公元前643年，齐国公子无亏被立为君，世子昭逃往宋国求助。鲁僖公因公子昭求宋不求鲁而对姜昭心有不满，后来宋襄公向卫、鲁等国发出檄文，欲与诸国联合伐齐，助姜昭夺位，鲁僖公没有参加联军共同伐齐。齐孝公姜昭即位后，自知因无亏之死而得罪鲁僖公；在鹿上之盟对宋襄公不诚，与宋襄公有了别扭；又因未能出席盂地之盟，扫了楚成王的兴致。齐孝公忍气吞声，心中早有怨言，想到齐桓公在位时的声威气势，孝公抑郁难平，决心用兵中原，振兴桓公霸业。

齐孝公召集群臣商议，表达自己一直以来的憋屈。公元前634年，鲁国闹饥荒，齐孝公欲趁机攻击鲁国，说："当年鲁侯欲救无亏，与寡人为难。如今鲁国与卫、楚勾结，如果三者联合伐齐，齐国如临大敌。寡人听说鲁国今年遇灾，打算趁着这个机会攻打鲁国，在三国结盟之前先逐一破之。"大夫高虎阻止道："鲁国与诸侯多国修好，伐鲁未必成功。"齐孝公不悦："姑且一试再言功过，如果诸

🔴 柳下惠，姓展，名获，字子禽。展喜的哥哥，子禽官拜士师（掌管监狱的官）。因他居官清正，执法严谨，不合时宜，遂弃官归隐，居于柳下（今濮阳县柳屯）。

侯相救，还可借此一探诸侯各自所计。"众大夫劝谏不成，只得按照齐孝公命令布置兵力。

鲁僖公听说齐国大军压境，召群臣决议。大夫臧孙辰谏言，先不要与齐国直接交战，如果有能言善辩之人出使齐营，游说齐侯退兵最好。鲁僖公忙问有什么能人可以担当重任，臧孙辰举荐了

柳下惠。柳下惠姓展名获，字子禽，曾在朝为官，食邑柳下，后来辞官归乡，隐居在此。

鲁僖公派人召展获入宫，展获以身体有疾推辞不往。臧孙辰又建议让展获的弟弟展喜前去说服展获。展喜不愿出山，便给展喜出了个主意，称："齐侯伐鲁不过是想再复桓公霸业。如今要想称霸诸侯，唯有先行尊王。你大可以周天子之名责问齐侯，如此何患无辞？"展喜回去后向鲁僖公复命，称自己已经有了让齐侯退兵的办法。鲁僖公非常高兴，立即备好犒赏大军的礼物，装了好几辆车，交给展喜。

展喜在半道上截住齐国军队，拜见齐侯并奉上所带的礼物，向齐侯赞叹道："鲁侯听说齐侯亲率大军光临敝国，特意命我带上礼物犒赏大军。"齐孝公问道："寡人兴师至此，你们鲁国人一定胆寒心惊了吧？"展喜应道："国内的小人有没有胆寒，下臣还真不知道。不过所有的君子却是没有丝毫畏惧。"齐孝公嘲笑道："你们鲁国现在文没有施伯的智慧，武没有曹刿的英勇，而且正值饥年，如果齐

鲁国青铜簋。鲁伯余为其父母所做，故名。1977年曲阜鲁国故城出土。

国当真攻打鲁国，鲁国的君子们凭什么无所畏惧呢？"

展喜笑道："鲁国国小兵弱，只能倚仗先王遗命。昔日周天子封姜太公于齐，封鲁国先君周公长子伯禽于鲁。周公与太公立誓为盟，称世代子孙，同尊王室，不可相互残杀，这句誓言鲁人至今不敢忘。齐国先君桓公在世联合诸侯，尊王攘夷，曾与敝国先君庄公为盟。自齐侯即位，鲁国君臣也是一直尊奉庄公结盟之言，与齐国和睦相处。如果齐侯弃周天子之命不顾，违背姜太公誓言，玷污桓公修诸侯之好的美名，那我们鲁国也只好与您及齐国势不两立。我们想齐侯一定也不愿看到事情发展到这种地步，所以没有什么畏惧。"齐孝公想，展喜说得不无道理，自己师出不义，再遭鲁国抵抗，更不划算，不如早早回去。随即向展喜表示愿与鲁国修好，即刻班师回国。

虽然齐国退了兵，但鲁僖公却因此心生怨恨，他随即又派人前往楚国，请楚国相助，以报齐侯轻鲁之仇。

【中国历史知识小词典】

柳氏始祖

史料记载，鲁国国君鲁孝公曾有个儿子叫姬展，后来姬展的孙子无骇用祖父的字作为姓氏，于是有了展姓。展氏到了展禽这一辈，因为展禽以柳下这个地方为食邑，他的后人就开始以柳为姓。柳氏族人在秦国兼并诸侯后迁居到河东（今山西永济），以后逐渐散落各地。文学家柳宗元即为河东人，人称"柳河东"。

退避三舍 ▶▶▶

№ 044 ●━━━━━━━━━━

鲁僖公派人向楚国搬救兵，楚成王派兵伐齐，大胜而归。此前，楚国一再向北侵犯，鲁、郑、陈、蔡等国先后归附于楚国。公元前632年，楚成王以伐宋为名，联合几个附庸国攻打宋国；宋国告急，晋文公出兵救宋。因为重耳在楚国流亡期间，受楚王厚待，重耳为报楚王之恩，承诺日后如若两国交兵，自愿退避三舍。在这次战役中，晋文公果真兑现了他的承诺。

晋文公扶助周天子平乱成功，使晋国在诸侯间威名赫赫，晋文公争夺中原霸主的决心也愈加坚定。宋国看到晋国势力强大，就有了依附晋国的想法。公元前634年，鲁国与齐国生隙，向楚国请求援助，楚王大败齐军，废除齐孝公，拥公子雍于谷地。齐人在国内另立公子潘为君，是为齐昭公。楚成王早对宋襄公心有不满，公元前632年，楚王以成得臣（子玉）为大将，联合陈、蔡、郑、许一同攻打宋国。有人向楚王建议，子玉虽勇，但性情急躁少心计，委以重任，日后恐有不利，楚王未从。楚国大军来犯，宋国向日渐强大起来的晋国求助。救与不救，成为晋文公不得不面对的难题。

晋文公当初流亡列国时，宋公与楚王都曾对他厚待有加，这个忙帮还是不帮，文公两下为难，只好召集群臣商议。先轸提议尽早出兵，杀楚国的锐气。众人商议后，一致认为应该出兵救宋，晋文公也就应允了。

文公按照狐偃建议，假意兴兵伐曹、卫，转移楚国兵力，以解齐、宋之围。又依赵衰所言，使郤縠为主帅，设立三军。郤縠向晋文公提议，借伐曹名义向卫国借路，曹、卫共同事楚，必然不允。晋军可借此出其不意，直入卫境，再趁势攻打曹国。

晋文公按照他的建议，派人前往卫国借道伐曹，事情果不出郤縠所料，卫成公拒绝了晋国的请求。晋军遂攻打卫国五鹿（今河南濮阳），卫守将弃城而逃。

五鹿城破，郤縠提醒晋文公如果要与楚国打胜这一仗，必定要与齐、秦搞好关系，晋国方能一心与楚国交战。晋文公知道齐孝公曾与楚成王有隙，随即派人往齐国游说。此时齐孝公已经去世，齐

🔶 鸟兽龙纹铜壶，春秋晚期（前770—前476年），1923年出土于山西。

因为重耳在楚国流亡期间，受楚王厚待，重耳为报楚王之恩，承诺日后如若两国交兵，自愿退避三舍。后晋楚两军果然对阵，晋文公兑现承诺，主动退避三舍。

昭公已有与晋国结好之意，痛快答应晋国。卫国失五鹿之地，派人向晋国谢罪请和，文公不允，卫成公迁出都城。

卫侯迁出后，晋国回师伐曹。曹国僖负羁向曹共公建议谢罪请和，大夫于朗污蔑僖负羁卖国献计。曹共公不听僖负羁之言，命于朗率军抵挡晋军。于朗假意投降诱使晋文公入城，先轸恐齐有诈，使人假扮晋侯，结果数百晋军尽遭残杀。于朗暴尸城墙之上，以动摇晋国军心。晋文公大怒，用先轸之计，以掘曹人城外祖坟相挟。曹共公被逼无奈，只得开门投降。晋军攻入城内，杀了于朗，活捉曹伯。公元前630年前后，曹共公重贿晋太卜，方得以获释复国。

晋文公伐曹攻卫，迫使已经逼近宋都睢阳的楚成王不得不分出部分兵力支援曹、卫，他命成得臣统帅诸侯联军继续围攻睢阳，自己带兵驰援。晋军攻势锐不可当，楚成王担心不敌晋军，派人往齐国归还谷地，欲和齐国讲和，以免齐国掣肘；同时又传令成得臣撤兵睢阳。成得臣眼看宋都城破在即，不愿撤兵。楚王嘱他不可轻易与晋国交战，见机行事。成得臣求功心切，加紧对睢阳的攻势。

宋成公守城不住，派人带上宝器重物再向晋军求援。晋文公让宋国使臣分别将礼物送往齐、秦，以求齐、秦向楚王说情；同时，又将占领的曹、卫领土割了一部分送给宋国，以激怒楚国。

这一计策果然奏效，齐、秦两国受了宋国贿赂，即刻派人往楚国说情；成得臣听说晋割曹、卫之地与宋，大怒。楚将宛春献计说可以先与晋国谈判，只要晋国恢复曹、卫土地，他们就撤回围宋的军队。结果谈判不成，成得臣遂率兵攻打晋军。楚晋两军对峙，晋文公命令将士们退避三舍。古代30里就是一舍，这一退就退了90里，楚军就追了90里，双方随即在城濮展开对峙。

【中国历史知识小词典】

晋国六卿

晋国六卿是指从公元前632年晋文公姬重耳始作三军设六卿起，一直持续到公元前403年韩、赵、魏三家彻底瓜分晋国，设立六卿军政制度时期。所谓三军，由中军、上军、下军组成，各军的主帅和副帅分别叫将、佐，由六卿担任。晋文公死后，这六大家族所组成的统治集团一直牢牢巩固晋国政权，并鼎力辅佐国君，正是这个较其他诸侯国比较稳固的统治集团，使得晋国霸权得以维系百余年。

中国通史经典故事

城濮之战 ▶▶▶

№ 045

晋文公不忘当初的承诺，主动退兵三舍，使军队在城濮（今山东濮县南）停驻。成得臣哪里肯放过这次立功的机会，他已经被宋、晋两国气得七窍生烟，连楚成王的告诫都忘到了一边。于是他率领大军一追再追，直追到城濮这个地方。成得臣的手下考虑士兵奔波劳累，建议就此收兵。成得臣不听，执意与晋军在城濮展开一场大战。

中国通史经典故事

成得臣派宛春往晋营谈判未成，晋文公按照先轸的意思，先将宛春拘禁起来。随后一面派人向成得臣捎话，称宛春被拘；另一面又安抚曹共公、卫成公，希望两国与晋国交好。曹共公高兴不已，当即写信给成得臣，委婉表达了自己欲结晋好的心意。楚将斗勃担心军队在伐齐围宋中体力已有损耗，劝成得臣就此退兵。成得臣正在气头上，丝毫听不进去，坚持要与晋国打一仗。

晋文公使先轸调兵遣将，安排战事。宋国在成得臣转移兵力后，也迅速反攻，解了睢阳之围。宋公遣司马公孙固率兵报捷，同时协助晋军作战，此外，齐、秦两国也派了将士前来相助。先轸让狐毛、狐偃兄弟带领上军，同秦将白乙丙攻打楚国左师，与斗宜申交战；派栾枝、胥臣引下军，使齐将崔夭协助，攻楚右师，与楚将斗勃交战；命郤溱、祁瞒带领中军组成阵形，与成得臣相持，见机行事；荀林父、士会被安排各率5000人为左右两翼，以作接应；自己则带领一支队伍，从小路绕到楚军背后进行埋伏；使魏犨带人马在楚国边境设伏，一旦楚国兵败，在此断其退路。一切事宜安排妥当，赵衰等一干文武之臣负责保护晋文公在高处观战。两军对垒之际，成得臣命左右两军先行出击，再以中军后续而行。栾枝打听到楚右师以陈辕选、蔡公子印为前锋，不禁暗自佩服先轸料事如神。原

😊 成得臣得知曹国欲通晋好，气得暴跳如雷，遂下令转移主力攻打晋军。晋文公下令全军退避三舍，成得臣率军追至三舍之外，双方在城濮摆开了阵势。

来先轸在出征前就已告诉他们，说陈、蔡二人怯于战场，容易动摇，如遇大军，可先大挫这两人，则楚军右师不攻自溃。

栾枝于是先遣秦将白乙丙出战，陈辕选、蔡公子印急于抢功，争相出迎。白乙丙未战即退，陈、蔡正欲追赶，晋将胥臣领着一队车马冲了出来。这些车马按照狐偃的主意，全部以虎皮蒙住车身，足可以假乱真。陈、蔡手下兵士惊慌大乱，争相逃命。楚军阵营大乱，连带后面鬬勃大军受到冲击，鬬勃中箭奔逃，楚右师大败。栾枝又使人假扮陈、蔡手下之人，打着两人旗号，往楚军大营谎报军情，称右师大胜，请速速出兵，乘胜追击。成得臣登高远眺，只见晋军所在方向往北而去，烟尘遮天蔽日，大旗东倒西歪，心下大喜，即刻命左师出发追击。

左师主将鬬宜申遭逢狐偃，狐偃战了几个回合，佯败疾走。鬬宜申指挥郑国、许国二将尽力追逐。二人追出不远，先轸、郤溱半路横空杀出，楚军被截成两段。狐毛、狐偃兄弟过来再战，楚军受四面夹击，径自崩溃，鬬宜申招架不住，杀出重围逃走，楚军左师惨败。原

🔴 春秋时期的楚国漆器，厚木胎的制作工艺，因器皿造型的不同，而采用研制与挖制等相应的制作方法。其中有些为整木制作，有些是分别制作构件再以榫卯相接合。

来成得臣看到的烟尘是先轸让栾枝将砍下的柴薪拖在车后，驱车疾行，促使尘沙飞扬造成的。狐偃又差人使诈，佯用假旗曳地而行。没想到这竟让求功心切的成得臣信以为真。成得臣以为左右两军大胜，命楚将鬬越椒与其子成大心杀入晋军大营，结果中计被围。突出重围后，在逃至楚境时又被魏犨拦截，幸好晋文公及时传话，不让赶尽杀绝，以报楚王礼遇之恩，成得臣得以沿睢水回国。

成得臣自觉贪功索战导致兵败，无颜见楚王，遂自囚于楚连谷一地，使其子率残部回报楚王，楚成王对成得臣战败怒不可遏，责其自行了断。等他后悔，要收回君命时，成得臣已经伏剑身亡。楚国经此一战，损失一员大将，自此元气大伤。

【中国历史知识小词典】

古代阵法

中国古代的战争非常讲究阵法。所谓"阵"，就是在战斗之前根据地形条件和敌我实力等情况布置队形，这样便于统一指挥和士兵间的团结协作。春秋时期，兵书上有记载的阵法主要有方阵、圆阵、疏阵、数阵、锥形阵、雁形阵、钩形阵、玄襄阵、水阵、火阵等，除了文字的记载，还有可以将阵法绘成直观的阵形图，可以在锦上、纸上、地上画，或者用砂石堆砌。

践土之盟 ▶▶▶

№ 046

城濮一战，晋文公大败楚军，凯旋归来。周襄王亲自到践土（今河南原阳）慰劳晋军，还赐给晋文公车服弓马，并册命晋文公为诸侯的领袖，可以周天子之名征讨四方。从此，许多过去从楚的诸侯都纷纷倾向晋国。之后，晋文公在践土会合诸侯，订立盟誓，一举成为继齐桓公之后的第二位中原霸主。

成得臣（子玉）兵败自尽后，楚成王用芎吕臣继任令尹。不久，芎吕臣过世，楚成王又使鬬般继任令尹。然而，楚国经过城濮一战，争霸中原的势头大挫，暂时放缓了北上步伐。

晋文公大败楚军，即班师回国。周天子得知晋文公遏制了楚国北上，派人先行前来迎贺，并称要亲自犒赏三军。晋文公不免受宠若惊，向群臣询问如何招待周天子。赵衰建议，践土一地地势平

【 中国历史知识小词典 】

赵氏孤儿

赵衰位列六卿，当年他随重耳流亡翟国，曾与翟国叔隗结为夫妻，叔隗生有一子赵盾。后晋文公将女儿赵姬嫁给赵衰为妻，赵姬生有赵括、赵同、赵婴齐三子。赵衰死后，赵姬谦让，将赵氏大权传给赵盾。赵盾生前有感于赵姬之恩，遂将赵氏宗主之位让给赵括。但后来赵括、赵同被灭门，赵婴齐一族在史料中下落不明，赵氏就剩下赵盾子赵朔遗孤赵武，他就是人们熟知的赵氏孤儿。

坦，地域开阔，不如连夜在此建造宫殿，以供天子御驾亲临。同时可召集诸侯，相会践土恭迎圣驾、行朝礼，这样才算尽了君臣之义。晋文公觉得很有道理，即刻安排人手往践土布置相关事宜。

重耳流亡列国时，对重耳闭门不纳的郑国害怕晋国出兵讨伐，很有自知之明地派了使臣前来请罪。晋文公对郑国当年之举耿耿于怀，认为郑伯趋炎附势，非诚心请罪，意欲伐郑。赵衰劝道："晋军逐卫收曹，大败楚军，声威大震，日

🐛 春秋晚期青铜神兽，通高48厘米，长47厘米，宽27厘米。整体造型线条流畅，体态矫健，设计精巧绝妙，构思巧妙离奇，把楚人怪异奇特的想象表现得淋漓尽致。

中国通史经典故事

后郑国对晋还大有用处。与其多树一个敌人，将郑国推向楚国一方，不如借机拉拢他，为日后所用。"晋文公问："寡人如何得知郑伯诚心欲结晋好？"赵衰提议，可派人前往郑国一探虚实。如若郑伯臣服之心坚定，就接受他的请罪；如若再度食言，晋军大可修整数月，再行讨伐也不迟。晋文公深以为是，一面派狐毛、狐偃兄弟率军往践土筑造王宫；一面派栾枝入郑城，探听虚实。

栾枝到了郑国，受到郑伯热烈欢迎，栾枝认为郑伯诚心交好，即回报晋文公。晋文公遂与郑伯歃血为盟，听郑伯说子玉已经自杀于连谷，文公连连叹息。郑伯走后，文公跟诸臣说："今天寡人很高兴，并非因为郑国归顺了我们，而是楚国失去子玉。子玉一死，楚国所剩之人不足为虑，诸位爱卿可以松口气，好好歇息了！"

狐毛、狐偃兄弟很快为周天子建起一座豪华别馆。建成之日，郑文公作为晋国最新的附属国，为表诚心，最早一个来到，宋成公、齐昭公相继而来；鲁僖公、陈穆公、蔡庄公虽然与楚国通好，但慑于晋国之势，也赶来赴会。邾、莒等小国更是不用说，一概俱到。

除此之外，也有一些没来的诸侯。像许国，许僖公追随楚国最久，不愿向晋国低头，没有参加；秦穆公与晋国多次合作，但因为从未与中原各国会盟，犹疑不决也没有到。卫成公、曹共公因晋侯曾许诺的复国一事，晋侯态度不详，事

🔴《赵氏孤儿图》西汉 壁画 纵 25 厘米，横 194 厘米。

态尚不明朗，没能参加。这次的践土之盟可说是盛况空前，各路诸侯也给足了周天子和晋文公的面子，几乎尽数前来。

卫成公听说晋侯大会诸侯，却没有邀请自己，心里甚是担忧，于是请弟弟姬瑕往践土乞盟。他自己则准备私逃楚国，并盘算使姬瑕事晋，自己投奔楚国，两边相倚，都不得罪。不成想，卫成公奔楚不成，只得改道至陈国。姬瑕向晋文公请求恢复卫成公之位，而晋文公却向天子请求立姬瑕为卫侯，并将此事载于盟书之上。

践土之盟确立了晋文公的中原霸主之位，晋国之后经历了文公、襄公、灵公等 11 位国君的更替。期间，晋国北击戎狄，南抗强楚，西御秦师，东败齐军，称霸天下达百余年之久。

烛武退秦兵 ▶▶▶

№ 047

践土之盟结束，送周天子回去后，晋文公又号令与会诸侯合兵伐许。诸侯各国谁敢不应，纷纷整顿兵马，就待晋侯下令。只有郑文公另有异心，借口国内有事，没有参加；许国遭伐，求救楚国。楚成王因为城濮大败，兵力有损，不予施救。许僖公向晋侯乞降，许都颍城之围遂解。郑文公因暗中又与楚国通好，惹晋侯大怒。公元前 630 年，秦晋合兵攻伐郑国。

晋文公扶立姬瑕为卫君，卫成公心中不服。周襄王有意救卫，赐卫成公毒酒，让其自裁。因酒内毒性不强，卫成公假死换得一命。鲁、卫两国世代交好，鲁僖公为表公义，欲助卫成公回国复位。于是派人向周天子贿赂，得天子允诺，再派人相告晋侯，称如若晋侯释放卫成公，准其回国，则鲁、卫依附于晋，不与楚国相通。晋文公觉得有利可图，于是放了卫成公。卫成公回国后，设计杀了其弟姬瑕以及姬瑕手下一干重臣，得以复位。

🔴 春秋青铜盉

晋文公践土之盟结束，归国途中，听说郑文公又遣使与楚国通好，当时就想率兵攻打郑国。在赵衰等的劝阻下，晋文公才稍稍平息了火气，回国后，他修整一年有余，又起伐郑之心。

郑国地处中原交通要道，为往来各国咽喉要冲，当年郑桓公从京畿棫林迁都新郑，正是看中这里的地理位置。后来郑国凭借天时地利，鼓励商奴从事商业活动，从中获利壮大国势。齐桓公称霸诸侯，也屡次欲夺郑地。作为如此重要的战略要地，秦晋两国都想先下手为强。晋文公考虑当初与秦穆公有约在先，秦晋两国如遇战事，必要同谋，因而决定与秦国联手伐郑，先轸强烈地反对。文公以为秦国与郑国相距甚远，伐郑于秦无利，于是派人往秦国告知了出兵日期。

公元前 630 年左右，秦晋两国合围郑国，晋兵在西边扎营，秦军在东边驻兵。两国合围坚守，日夜派兵在城郊荒野巡逻，野草矮树尽被踏平。郑文公见状，慌得六神无主。大夫叔詹提议派人游说两国退兵，大臣中有人举荐了一个

烛武不动一兵一卒使秦国退兵，郑文公非常高兴。但高兴之余，又担心晋国不好对付。烛武提出了请郑文公之子公子兰回国，以讨晋侯欢心之计。

认为这是郑国离间之计，不从。烛武为打消秦穆公疑虑，提议歃血为盟。秦穆公不听劝阻，与烛武立盟，并派三名大将率两千余人帮助郑国守城。秦穆公私与郑国立盟，又不辞而别班师回国，让晋文公大为恼火。

烛武以口舌之才退秦兵，郑文公大喜。但晋侯与郑结怨已久，却不好对付。烛武建议，郑文公之子公子兰得晋侯赏识。如若迎公子兰回国，立其为世子，取悦晋侯，则晋国必然退兵。郑文公依计从事，晋侯果然答应送公子兰回国并退兵，但要求将谋臣叔詹遣往晋营。郑文公不敢不从，叔詹以为此去必死无疑，主动请往晋营。晋侯怒斥郑国君臣无信，欲杀其泄愤。叔詹临危不惧，晋侯不但没杀他，还对他委以重任。

秦晋两国此番伐郑不成，反而因为烛武的离间生了嫌隙，自此互有怨言。

能以三寸不烂之舌撼山震岳之人——烛武。烛武当时已年逾七十，当他应郑文公之请来到王宫时，众人见他老态龙钟、步履蹒跚，暗自窃笑。郑文公说明意思，又几番恳请，烛武终于答应一试。

烛武连夜垂绳下城，先奔东边秦营。秦军把守森严，不容其面见穆公。烛武遂在秦军大营外放声大哭，守营小吏耐不住，只好带他去。烛武见到穆公，穆公问其为何痛哭。烛武回答哭郑之将亡，又言郑之将亡，独可惜了秦国。秦穆公听他出言不逊，威胁要斩其首级。烛武毫无畏惧，大声说："秦晋合兵伐郑，一旦事成，则郑国土地尽归晋国，而秦国距郑甚远，又隔着晋国、周天子的领地，攻打郑国与秦何利？且自晋侯登基以来，国势日渐兴盛，其称霸之心路人皆知。秦晋两雄相争，晋愈强，则秦愈弱，日后必为秦国后患。秦国兴兵伐郑，劳兵伤财，且不利于己，何益？"

秦穆公认为烛武说得有理，百里奚

【中国历史知识小词典】

入梦而来的郑穆公

郑公子姬兰即公子兰，他的母亲曾梦见一位仪表风雅的男子手持兰草与她相见，醒来后觉得满室幽香。后来，其母果然得到郑文公宠幸，赐其兰草。不久，公子兰出生。郑文公在位时，世子姬华阴谋篡位，郑文公杀了姬华，又把儿子全赶出郑国。公子兰逃到晋国，在晋文公手下任职。公元前630年，公子兰在晋文公帮助下回到郑国，他就是郑穆公。

弦高犒秦师 ▶▶▶

№ 048

公元前 628 年，晋文公去世，其子姬欢即位，是为晋襄公。这一年，秦穆公从郑国撤兵时留驻在郑国的大将杞子等人，遣人秘告秦穆公，称他们戍守郑都北门，如果秦国意欲伐郑，可从北门直入，他们里应外合，必取郑都。秦穆公认为机不可失，不顾蹇叔等人反对，坚持出兵。郑人弘高贩牛为生，听说秦国再度攻郑，假意以牛慰劳秦军，探得军情并密报郑国，郑国得以备战。

公元前 628 年，郑文公去世，晋国送公子兰回国继承君位，是为郑穆公。这一年冬，晋文公身体有疾，他担心自己过世后，当年他的兄弟之间为争储位相互残杀的悲剧重演，将世子姬欢托付给狐偃、赵衰、先轸等人，又将其他几个儿子送到了秦、陈等国。不久，晋文公即去世，姬欢即位，他就是晋襄公。

🔴 郑人弘高贩牛为生，为了给郑国赢得备战时间，他赶着自己的牛群来到秦军大营，名为犒劳秦军，实则探听军情。

这年，奉秦穆公之命戍守郑国的秦将杞子、逢孙、杨孙等人，因为郑国接受晋国送公子兰回国，公子兰亲晋国而疏秦国，对杞子等人愈加无礼。于是几人合谋攻郑，并向秦穆公送去密报，称可以里应外合，攻下郑国。秦穆公闻报，欲借机伐郑。蹇叔、百里奚均表示反对，认为首先秦国相距郑国太远，即使得了土地，鞭长莫及难以获利；其次，长途征战，军乏马疲，若劳而无功，则人心浮动而生变；第三，杞子等人本奉命助郑，如果趁机攻郑，则秦国失信于天下，晋侯刚刚过世，此时出兵伐郑更是不义。利弊相衡，利小而害大，不可伐郑。

秦穆公不听劝谏，蹇叔退一步说："不妨先遣人往晋国吊丧，看看晋国的态度再作决定。"穆公说："出兵之道贵在神速，往晋国凭吊，一来一去得耽搁多少工夫？寡人心意已定，即刻出兵。"

秦穆公任命百里奚之子孟明视为大将军，以蹇叔之子白乙丙和大将西乞术

🔴 春秋时期的叔上匜，高16.8厘米，宽28.6厘米。

为副将率军出征。出征当日，蹇叔和百里奚痛哭送行，让秦穆公颇感晦气。穆公怪罪下来，蹇叔干脆告病辞官返乡。穆公也不打算挽留，蹇叔把百里奚和公孙枝叫来，把事情安排妥当后才离开。

郑国商人弦高是一个生意人，在郑、卫之间贩牛为生。他从一位自秦国回来的故人那里听说了秦国要攻打郑国的消息，心下大惊，遂一面派人星夜兼程赶往郑国报告消息，一面赶着自己的数十头肥牛朝着秦国大军的方向奔去。

公元前627年春，秦军行至滑国（今河南偃师西南）。弦高赶着牛群赶到这里，拦住秦国哨兵，请求面见大将军。孟明视心下疑惑，于是召来弦高问究竟。弦高向他说："郑伯听说贵国三位将军将出兵至郑，特意派我前来慰劳大军。郑国得贵国相助感激不尽，更担心如果我们自己不能勤加防范、增强戒备，辜负贵国的心意。所以郑国上下日夜警备，人人不敢安睡，就害怕稍有疏漏，又让贵国费心！"孟明视觉得弦高转移话题，就

向他索要国书。弦高解释道："郑伯听闻贵国神兵急驰，唯恐书面言辞难以表达敝国诚心，所以将他的心意口授给我，让我向贵国匍匐请罪，我们绝对没有别的意思。"

孟明对弦高这番话的言外之意也猜出了几分。他把弦高招呼到跟前，耳语道："秦伯派我前来，是为了讨伐滑国，我怎么敢违抗君命，攻打郑国呢？"他当即下令全军驻扎延津，弦高称谢而退。

郑穆公得到弦高密报将信将疑，遂派人暗中往杞子的驻地察看实情，结果证实了弦高所说不虚，杞子等果然个个厉兵秣马、精神抖擞。他派烛武前去向杞子问话，烛武问杞子道："我听说贵国大将孟明视、白乙丙正驻军在延津，诸位将军神色匆匆，莫非要准备离开了？"杞子脸色大变，赶忙借口练兵敷衍过去，烛武也不多追究，告辞离开。

烛武走后，杞子觉得事已败露，郑国不宜久留，秦国也不敢再回去，于是带上亲随逃往宋国。剩下的戍卒，郑穆公让烛武发给他们干粮，将其遣散回乡。弦高因救国有功，被郑穆公拜为军尉。

【中国历史知识小词典】

商人起源 >>

　　商人一词出现，大概要追溯到商朝时期。商朝源于大禹时期黄河流域一个古老的部落商族，商族人在其第六代首领亥带领下开始从事四方贸易，后来商族壮大灭了夏桀，建立了商朝。此后他们也有了农业生产，但商业活动从未间断。周灭商后，商人失去土地，做生意成为他们生存的主要手段。春秋时期，郑桓公鼓励其境内的商人大力经商，郑国商人的生意因此做到了天南地北。

秦晋崤之战 ▶▶▶

№ 049

孟明视惧郑国有备而不敢对郑轻举妄动，又觉得无功而返颜面无光，于是趁机灭了毫无防备的滑国。秦军带着从滑国掳获的大量辎重取道崤山回国，遭遇在此埋伏的晋军，双方展开了一场激战，秦军大败，三员大将皆被俘。晋襄公的养母文嬴向晋襄公求情，请放了孟明视等人，晋襄公碍于母亲之请，放了他们回国。先轸为此大怒，不顾君臣之礼啐于晋襄公，晋襄公对他既往不咎。

弦高假意退秦兵，解了郑国之虞。孟明视与白乙丙、西乞术二人商议，认为郑国已经知道秦军的意图，有所防备。如果执意伐郑，必定久攻不下，徒劳无益。正好离驻地不远的滑国对秦军毫无防备，不如偷袭滑国，打个胜仗，回去也好有个说法，不致于脸上无光，也不会让秦伯落个师出无益的笑柄。白乙丙、西乞术点头称是，三人一合计，当晚就兵分三路，各带人马奔袭滑城。

还不知道自己成了郑国替罪羊的滑国，没有丝毫准备，孟明视三人毫不费力地破了滑城，将城中财物掳获一空。晋文公刚去世，晋国全国正在为他服丧，得知秦国大军伐郑，还穿着丧服的晋襄公召集君臣商议对策。栾枝认为晋国多次接受秦国帮助，如果与其交锋，无异于晋惠公所为。

先轸跳出来反对："先君刚走，秦国不但不派人前来吊唁，还派兵攻伐郑国，眼里哪有晋国！再说，秦晋围郑一役，秦国背晋先行，他先失信，我又顾什么仁义？"栾枝说："秦国伐郑，又没有侵犯晋国，我们主动出击不免过分。"先轸还击道："秦伯当年助先君即位，也未必没有图谋。自从先君称霸诸侯，秦伯早有妒忌之心，大家心照不宣而已。秦国今日伐郑不成，他日必定转而袭晋，后患无穷。一山容不得二虎，秦国不败，晋何以立足？"

栾枝说不过先轸，连赵衰等人也都赞同先轸出兵的建议。众人即开始商议行军设伏的具体策略，先轸认为秦晋交界的崤山是秦军回

🔴 这件蛇蛙纹铜尊，整体呈圆形，喇叭口，下部为圈足，蛇和蛙都是瓯骆民族的崇拜物，至今在桂西壮族地区仍有"蛙婆节"。

🌏 春秋时期的战船。历史上最早的水战，是公元前485年吴国和齐国在黄海上发生的。

去的必经之路，可在此设埋伏。晋襄公认为先轸所言有理，便将调兵遣将的大权交给了他。崤山位于邻近交界的渑池附近，有东、西之分，山上树高草密、山石嶙峋，最适宜打伏击战。先轸让儿子先且居带兵5000埋伏在崤山之左；使胥臣之子胥婴等率兵5000埋伏在崤山之右，届时对秦军左右夹击。同时，他又各派5000人埋伏在东、西崤山，还让人预先人砍伐树木，将秦军回国的路堵死。

孟明视等灭了滑国，掳获大量辎重，满载而归。行至崤山附近，与晋军遭逢。双方第一回合交手没多长时间，晋军开始撤退。孟明视自傲轻敌，带兵追击，不料中了晋军之计。绕过一段山路后，秦军试图寻找回国道路，莫名其妙跑进晋军设置的死路。众人眼前的一堆乱木头，正是先轸命人设下的路障。秦军过不去，后面晋军追来，这时一队晋军也

涌上山头。

孟明视想从后面突围，被晋军围了个水泄不通。秦军被死死围住，有的跳进山涧被淹死；有的在堆木头的地方无路可去，在晋兵引燃木头后，被烧死；还有人在交战中被杀死。秦军的三个将领孟明视、西乞术和白乙丙被俘，晋襄公准备用这三人祭奠去世的晋文公。晋襄公的养母文嬴不让杀，并劝说他将三位将军放走。晋襄公听了母亲的话，放了他们。先轸知道以后，气得啐在晋襄公身上，晋襄公自己也很后悔，赶紧派大将阳处父去追。

孟明视、西乞术、白乙丙三人跑到黄河边，遇到按百里奚指示前来接应的公孙枝，一行人即刻乘船而去。阳处父追来已晚，只能眼睁睁看着他们走了。

孟明视三人一回到秦国，就向秦穆公下跪认错，秦穆公没有治他们的罪，还把所有责任都揽到自己身上。在以后几年中，秦国为报崤山之仇，两次出兵，但都失败了。孟明视等在吃了几次败仗后，也成长起来，成为了秦国一批重将。

【中国历史知识小词典】

孟明视之死 》》

公元前621年，秦穆公去世，秦国的霸主之位也随之终结。在秦穆公死后，他的儿子秦康公将父亲的宠臣孟明视和他推荐的"车家三良"等秦国近200名有识之士全部殉葬，秦国人因此赋诗《黄鸟》来表达对车家三良的惋惜与思念。秦穆公励精图治，惨淡经营的西方霸业就这样被毁于一旦，直到商鞅变法时才再度崛起。

中国通史经典故事

楚商臣弑父夺位 ▶▶▶

№ 050

楚成王熊恽（又名頵）是楚文王之子，他的母亲就是那位让蔡哀侯亡国，又被楚文王抢过来的息夫人。息夫人为楚文王生育二子，文王在世时，立长子熊艰为世子。公元前672年，熊恽杀熊艰夺位。成王或许没能想到，自己当年弑兄夺位的这一幕会在自己与自己的儿子身上重演。公元前626年，成王废黜世子商臣，改立王子职为储君。商臣不服，起兵困王城，成王被逼自缢。

楚国自城濮一战大败于晋军，其向中原进发的势头受阻。与此同时，众多的小诸侯国也见势掉头倒向晋国一方。公元前627年，楚成王派鬭勃率军讨伐陈（今河南淮扬）、蔡（今河南上蔡）两国，陈、蔡被迫向楚国降服，与楚结盟；同年，晋襄公拜阳处父为大将，率军出征蔡国。收到消息的楚国即刻派鬭勃与成得臣之子成大心前往救蔡，双方对峙于泜水（今河南鲁山、叶县一带的沙河），隔岸相望。

如此相持数月，晋军粮草将尽，阳处父意欲退兵。又担心楚军趁隙进攻，或因怯于楚军而为人耻笑，遂派人渡河向鬭勃传话，如果双方都有决心一战之意，无论哪一方都可先行退避一舍，让对方过河，再痛痛快快打一场。如果不进不退，僵持在此，虚耗兵力，对双方均无益。鬭勃以为阳处父欺他不敢过河，便要渡河索战。成大心阻止他，与其自己过去，不如让他过来，这样也不怕他使诈，趁过河之际突袭楚军。鬭勃恍然大悟，即传话晋军，请渡河作战，并命全

范蠡，字少伯，与文种同事越王勾践二十余年，苦身戮力，卒以灭吴，尊为上将军。他实际上是楚国人。

军后退一舍静候。

鬭勃的决定正好遂了阳处父的愿，阳处父即刻宣告楚军畏晋撤兵，没有再战的意义，于是班师回国。鬭勃等了两天，晋军没有丝毫的动静，方知阳处父已经回国，也只好悻悻返程。

鬭勃这次出征仗没打成，反而给有心之人留了把柄。楚成王有两个儿子，长子商臣，次子名职。成王打算立商臣为储君，鬭勃认为商臣性情残忍，反对立其为储。楚成王没有听他的话，立商臣

为储君，并派潘崇作商臣的老师。商臣因鬭勃阻碍自己储君之路而对他心有怨恨，借其不战而归诬陷鬭勃私通晋国。楚成王信了商臣的话，不容鬭勃辩解，差人赐剑，让他自裁。鬭勃有口难言，自刎而死。成大心知道鬭勃的死讯，痛哭流涕向楚成王讲明了事情的原委。

楚成王了解了真相，对商臣有了戒备，并欲废其另立王子职。成王唯恐逼急了商臣使其作乱，便寻思找个理由将他处死，但很快就被商臣察觉。商臣将事情告诉了潘崇，潘崇献计说，要想知道楚王是否真有打算废储，可以从他亲近的人跟前打听。原来楚成王有个妹妹出嫁到江国，正好回国省亲，就住在宫里。楚王这个妹妹性情暴躁，心直口快，缺少心计，若将她惹恼，从其怒话中或可窥知一二。商臣觉得不错，就以家宴为由，将姑姑请到自己府上。一开始他对姑姑还很恭敬，后来就怠慢了。向长

【中国历史知识小词典】

古代立储原则 >>

中国古代立储基本原则是："立嫡立长"，即嫡子优先、年长优先，所谓嫡子意即正妻所生的儿子。没有嫡子，则庶子中年长的为继承人。如果嫡子早逝，有时也会立其子为继承人。此外一些君主也会根据个人意愿，"立子以贤"或者"立储以爱"。春秋时的楚国与中原各国习俗不同，王位常由少子继承，而在宋国还有兄终弟及的习惯，也与别国大为不同。

此物源于春秋战国时期的楚国。荆州楚墓中出土的众多木胎漆器，大都造型奇特，雕琢精细，绘画极工，形成典型的楚文化风格。

辈敬酒时也不起身，长辈问话几次，他还故作未闻，并不时与一旁侍立的女仆调戏。这般无礼之举，惹得当姑姑的勃然大怒："楚国竟然出了你这种不肖子孙，王兄要杀了你另立职儿也是活该！"说完，怒气冲冲乘车而去。

商臣确信父亲要杀自己，心里害怕，即刻召潘崇商议对策。潘崇问他："您甘心做职的臣子吗？"商臣说："我长职少，自不能事。"潘崇说："您不愿委屈自己居于人臣，那就逃往别国吧。"商臣说："楚国王子流亡在外，这是自取其辱。"潘崇说："既如此，那只有谋大事了。"商臣犹疑了一下，"生死之际，别无他法，我听您的！"二人商议好计策，当夜即派兵包围了王宫。楚成王未料商臣先行一步，被潘崇拿剑架在脖子上要挟。成王乞命，潘崇不应；成王爱吃熊掌，称若有熊掌可食，虽死无恨。潘崇呵斥道："熊掌难熟，您不必花心思等人来救驾了！"说完，丢给楚成王一根束带，让其自缢，楚成王想起鬭勃的话，连呼其名，自缢而死。

公元前626年，商臣逼死楚成王，自立为王，是为楚穆王。他即位后，杀王子职、铲除异己，后又平定了鬭宜申等人发起的政变，这才使朝政安定下来。

秦穆公雪耻 ▶▶▶

№ 051

秦国自崤山一战大败于晋国，其后两国虽仍有数次交战，但秦国始终处于被动地位，东进势头受阻。秦穆公改变策略，转而向西拓疆略地。他任用孟明视整顿内政，让熟悉诸戎地形与人情的繇余为将，攻打诸戎，进而称霸西戎。公元前 624 年，秦穆公以孟明视为大将讨伐晋国。孟明视背水一战，与晋军决死一战，取得胜利。孟明视在崤山为当年战死的将士埋葬遗骨，一雪前耻。

楚穆王即位后，先后灭了江国等数个小诸侯国，又兴兵攻伐陈国、郑国，引起中原诸侯国诸多不满。

与此同时，秦国加紧内外兼修，意图再度伐晋，以雪崤山之耻。公元前 626 年，秦晋再战，秦国兵败。公元前 624 年，秦晋在彭衙交锋（今陕西白水东北），秦军被晋国夺取了江以及彭衙二邑，晋军出言不逊，以孟明视当年称要大败晋

孟明视

军的豪言壮语，嘲笑秦军再吃败仗。秦军将士忍辱负重，统帅全军的孟明视更是无地自容。他一败再败，自觉无颜再见秦穆公，以为必死无疑。但秦穆公对他没有丝毫埋怨，反而好言安慰，依然委以重任。孟明视心里更加惭愧，从此再也没了以前的盛气凌人、骄横自负，他把自己家里的财物拿出来抚恤阵亡的将士家属，又每日勤加操练军士，兢兢业业，与士卒同甘共苦。

崤山一战后的两次较量，秦东进道路被晋牢牢扼住，只得转而向西发展。当时西戎各部落见秦兵屡战屡败，以为秦军外强中干，也趁机骚扰秦国边境。秦穆公让孟明视整顿内政，派熟悉西戎实情的繇余阻止西戎部落的进攻，为了保存与晋国作战的实力，秦穆公并没有过多还击西戎势力。

公元前 623 年，孟明视认为时机成熟，向秦穆公再度请战，称："如若此战不能雪耻前仇，誓不生还！"秦穆公亲自出征，并向全军号令，只要愿意随行出征的，他的家人都可享有厚待。秦军

群情激昂，大家踊跃投军，皆愿拼死一战。斗志昂扬的秦军从蒲津关出发，渡过黄河。大军渡过黄河，孟明视即下令焚毁全部舟船，自断后路，以示背水一战的决心，全军士气为之大振。

孟明视自带一队人马作为先锋，长驱直入，先破一城。晋襄公与群臣商议如何拒敌。赵衰、先且居都认为，秦军此战积愤久矣，意在洗刷前耻。其势如困兽出笼，难以抵挡。如果真的打起来，晋国胜算甚微，不如避开秦军锋芒，日后再做打算。晋襄公即刻传令边境各处的守将，不得与秦军交战。孟明视看出晋国畏战，向穆公提议借着全军士气正盛，转道崤山收敛阵亡将士遗骨，也算为他们雪耻，秦穆公默然应允。于是秦军转道崤山，屯扎在东崤山下，据守在此的晋军见秦军威武之师，无一人一骑敢出营挑战。秦穆公命人在山涧、河谷、乱石滩上收捡尸骨，用野草做垫，将阵亡将士的骸骨埋葬在山谷之中。又宰牛杀马，以飨亡故将士们的在天之灵。秦穆公身着素服，亲自执酒浇奠，放声大哭。孟明视、白乙丙、西乞术等人哭得伏地不能起，全军哀恸，其容感天动地。

江及彭衙二邑的人们，听说秦穆公伐晋得胜，大家欢呼雀跃，打开城门欢迎秦军。秦穆公凯旋回师，对孟明视等

春秋中期子犯和钟（公元前632年）通高71.6至28.1厘米，总重213.15千克，是直用钟上原铸铭文所称，意为调和组合成套的钟。

人俱加封赏。

秦军修整一段时日，秦穆公决计趁着士气正盛，出兵伐西戎。繇余提议，不如先派人出使西戎交涉，如果西戎愿意从此降服，向秦国按时朝贡，秦国可与其修好，相安无事；如果他们一意孤行，再出兵攻打也不迟。秦穆公采纳了繇余的建议，派人往西戎部落送去檄文。西戎首领听说秦国夺了晋国城池，吓得晋国不敢出战，正在担心自己的处境，一看到秦穆公的檄文，正求之不得，随即答应下来。周天子听说西戎向秦穆公臣服，特意派人送来金鼓以示祝贺。

公元前621年前后，秦穆公去世。他在位时，使秦国的疆域南至秦岭，西达今天的宁夏、甘肃一带，东到黄河，历史上称这段史实为"秦穆公霸西戎"。

【中国历史知识小词典】

弄玉吹笙

传说秦穆公有个小女儿叫弄玉，不仅长得如花似玉，而且精通音律。她善吹笙，后来与一个吹箫的少年萧史以曲相和，二人情投意合，日久生情。秦穆公拗不过她，同意两人的婚事，并为他们建造了一座凤凰台，供他们演练。有一天天上降下一龙一凤，载着二人乘风而去。秦穆公追之不及，终因思念女儿心切，郁积成疾而逝。

中国通史经典故事

楚国智取庸国 ▶ ▶ ▶

№ 052

公元前 617 年，楚穆王镇压了反对自己的鬪宜申、仲归二人的政变，稳定了他的政权。楚穆王在位期间先后灭了江、六、蓼等国，又出兵攻打郑、陈。在他的一系列的打压政策之下，楚国北上的势头又渐高涨。公元前 614 年，楚穆王死，他的儿子子侣即位，是为楚庄王。公元前 611 年，楚国遭遇严重灾荒，庸国趁机侵犯楚国边境。楚庄王智取庸国，为楚国的江山又添新土。

中国通史经典故事

从城濮之战后，秦晋两国交锋不断，这正好给了楚国东进扩张的机会。公元前 622 年前后，趁着秦、晋再燃战火，楚穆王当机立断，出兵灭了江国；后又灭了六（偃氏，今安徽六安北）、蓼（姬姓，今河南固始东北）。

公元前 622 年，晋国一批重臣赵衰、栾枝等人相继去世，晋襄公任用赵衰之子赵盾主持朝政。公元前 621 年，秦穆公、晋襄公接连过世，晋国陷入争储的

【中国历史知识小词典】

庸国 >>

　　庸国大约形成于夏商时期，其势力范围在今湖北十堰西南部一带。西周和春秋前期，十堰境内先后或同时存在有庸、麇、微、罗、彭、绞等上十个小方国，古庸国人被认为是"南蛮"的一支，与其西面的巴人为邻，居蛮族的边缘地带。公元前 611 年，庸国国土被楚、巴、秦三国瓜分，楚得庸的东、南疆土，秦得庸之北境，巴得西地，庸国遂灭。

"春秋青铜鼎" 1930 年在安徽朱家集被发现，这个地方在春秋战国时期属于楚国的势力范围。

重重危机。同年，秦康公即位，赵盾将晋灵公扶上君位。第二年，作为诸侯盟主的晋国，派大夫赵盾邀集齐、宋、卫、陈、郑、许、曹诸侯会盟于扈（郑地，今河南原阳西），开始由大夫主盟诸侯。

楚国看出了晋国正在面临的矛盾，趁着晋国为国内立储之事忙得焦头烂额，无暇顾及国际局势时，公元前 618 年，楚穆王挥师北上攻打郑国，迫使郑国与楚国讲和。之后，楚国又兴兵伐陈，占领了陈国壶丘（今河南新蔡东南）。在随后的交战中，陈国打了一次胜仗，但因慑于楚威，陈国主动求和。楚穆王对外软硬兼施，不听话的施以武力，对一些武

力难以慑服或者犹疑不定的，如齐、鲁，他也表现出格外的亲善，借机拉拢。

公元前 614 年，楚穆王去世，楚庄王即位。公元前 611 年，楚国遭遇严重的灾荒。山戎部落乘机侵入楚国西南地区，在楚国西北方的军事重地大林受楚军所阻。后又转攻楚国东南部，进入到阳丘，进一步威胁訾枝（今湖北枝江县境内）。庸国也借机联合各蛮族部落群起叛楚，麋国则率百濮聚集在选地，都伺机攻打楚国。楚国为防止山戎入侵，将北方军事重镇息、申城门紧闭，严加防守。

鉴于上述形势，楚国统治集团内部有人提议迁都到阪高。楚大夫蒍贾坚决反对："与其迁都，不如避实就虚，借攻打庸国转移山戎视线。现在，庸国和麋国之所以趁机作乱，完全是因为楚国正遭受灾荒，他们以为内外交困之下，我们难以出兵。如果打败庸国，敌人必然心生畏惧。到时，百濮必与其离心离德，到时谁还能顾 谁呢？"楚庄王同意了蒍贾的意见，出兵攻打庸国。

听到楚国出兵伐庸国，百濮果然很快散去。楚军从庐地向庸国进发，由于粮食紧缺，直到上了路，将士们才得到了从沿途各地仓库中收集后，再按人头平均分配下来的粮食。楚国军队行到句澨停留下来，并让庐县人庐戢梨率兵侵入庸国的方城。庸国人将他们驱逐出去，并俘虏了前去的子扬窗。子扬窗被囚三天三夜后，逃回到楚军大营，将所见汇报给上级："庸国军队众多，如果能再增加兵马，请楚王亲率大军，则庸国必破。"

● 纪南城是春秋战国时期楚国郢都旧址，位于湖北江陵县以北 5000 米处。自楚文王迁都此地，到公元前 278 年秦国大将白起攻克郢都，历时四百余年，楚国共有二十个帝王在此建都。

楚大夫师扬说："我们可以先派小股人马入侵庸国，只要对方主动出击，我们就假装兵败溃逃，这样一来，庸国人必定以为我们没有斗志而骄傲轻敌，他们越是骄傲，楚国将士就会越愤怒，敌骄我怒，自可赢敌。"楚军按照师扬的计策，接连七次都假装败下阵来，庸国果然骄傲起来，以为穷寇莫追，只有裨、鱼等部落一直把楚军追到大营前。

庸人以为楚国坚持不住，疏于防范。楚庄王率军在临品与先行的楚军会合，将军队分为两部分，一部分由子越率领，从石溪出发，一部分由子贝率领，由仞出发，同时进攻庸国。秦国、巴国的军队以及各蛮族部落首领此时都与楚国结成联盟，助楚国一举消灭了庸国。

楚庄王问鼎 ▶▶▶

№ 053

楚庄王即位初，完全一副不折不扣的败家子德行。后来在大臣的劝谏下，他幡然醒悟，决定痛改前非。平定庸国叛乱是楚庄王亲政以来取得的第一次胜利，这也使他萌生了北上争霸的志向。公元前611年，楚庄王令郑公子归生伐宋，命芃贾救郑，与晋军战于北林，皆大胜。公元前606年，楚庄王伐陆浑（今河南嵩县北）之戎，在洛邑附近陈兵示威，并向周天子问鼎明志。

楚庄王即位三年内，沉迷于酒色歌舞和打猎玩乐，耽于朝政。面对大臣的劝谏，他充耳不闻，甚至大为恼火，还在宫门口挂起一块木牌，上书："劝谏者，杀无赦！"不思进取的楚庄王让朝中忠直之臣忧心忡忡。在大臣申无畏、苏从等人的冒死相劝下，楚庄王终于意识到了自己肩负的重任，并以实际行动证明了自己浪子回头的决心。

楚庄王亲自坐镇，平定了庸国之乱，取得他亲政以来的第一次胜利。稳定了边疆政局后，楚庄王萌生了北上称霸的意图。要想争霸中原，晋国是楚国最大的障碍。当时中原诸侯中晋国实力最强，强大的晋国向西抑制了秦国的东进，向东制约着齐国的势头，让秦国、齐国无可奈何。然而，晋国的君主晋灵公日渐长大，他不满赵盾把持朝政，与赵盾的矛盾日益升温，势同水火。再加上晋灵公自己多行不义，对内残害平民，对外受贿无信，宠信屠岸贾，使得他自己的君位摇摇欲坠，在诸侯间的威信急剧下降了。

晋灵公在屠岸贾的教唆下，两次谋杀赵盾，都被赵盾侥幸逃过。晋灵公的倒行逆施激起赵氏族人的愤慨，公元前607年，赵盾的堂弟赵穿忍无可忍，杀了晋灵公，逮捕了屠岸贾。赵盾回来后，为了消除赵穿弑君之罪，派赵穿前往洛邑，迎回公子黑臀，立其为君，是为晋成公。为了报答赵盾扶助之恩，晋

"楚庄王出征图雕塑"。楚庄王亲自坐镇，平定了庸国之乱。

成公将赵氏赵同、赵括、赵婴齐列为晋国公族大夫，意在将其视为晋公室族人。赵穿私下向赵盾建议杀了屠岸贾以免后患，赵盾则以息事宁人为由，没有追究屠岸贾的罪责。

晋国自己内部的重重矛盾，为楚庄王北上提供了契机。公元前610年，晋国邀集卫、陈诸侯相会于扈，晋国因为郑国暗中与楚国通好，没有知会郑穆公参加。郑穆公不敢得罪晋国，只得遣人相告赵盾，辩解称屈于楚国有不得已的苦衷，恳请晋国体谅郑国处境。赵盾不好太过强硬，原谅了郑国。

公元前606年，楚庄王派兵讨伐陆浑（今河南嵩县北）之戎，一直打到洛水边，在周天子的家门口屯兵扎寨，耀武示威。刚刚即位的周定王看到这个阵势，吓得惊慌失措，赶紧派王孙满携带大量礼物前去慰劳楚军。这个王孙满也有些才能，当年崤之战时，秦国大军经过周天子的城池。王孙满和周襄王在城楼之上观战，看到秦军经过只是摘下头盔向王宫行礼。王孙满就此预言秦军必

春秋蟠虺纹大鼎，1923年河南新郑出土器中最大的鼎。

败，周襄王问其故，他说："秦军举动轻狂骄横，对这些基本的礼节如此随便，必定会在战争中大意轻敌，缺少谋略，从而使自己陷入困境。这样漫不经心的军队打仗能有不败的吗？"王孙满的话不幸被言中，秦军果然在崤之战被打败。

王孙满见到楚庄王，楚庄王问他："寡人听说大禹铸有九鼎为传世之宝，如今就在洛邑。寡人很想见识一下。"楚庄王言之问鼎，意在"逼周取天下"。王孙满委婉地说："国之强在德不在鼎。政风清明，鼎小也重，国君无道，鼎大也轻。当年大禹铸鼎，夏桀荒淫，九鼎传于商；殷纣暴虐，九鼎传于周。周朝一统华夏，上天许以我们相传30代君王。天命尚在，这宝鼎的轻重您还是不要再问了。"

楚庄王知道周王室虽然已经日薄西山，但天子威严仍在，也不可太过分了，于是故作不屑地说："九鼎不足为奇，我们楚国只要把折断的钩（一种铜兵器）尖收集起来，就足以铸造九鼎了。"楚庄王问鼎碰了钉子，认为取周王室而代之的时机尚未成熟，就下令全军很快退兵了。

【中国历史知识小词典】

鼎的发展

鼎是古代多见于祭祀用的一种食器和礼器，流行于商朝至汉代，造型以圆腹、双耳、三足为主。商代早中期，鼎的造型多为直耳深腹，鼎体较薄，花纹简单。而商后期至西周早期，鼎腹就开始变浅，鼎体变得厚重，花纹更为精美。到了春秋时，鼎的壁身逐渐变薄，同时开始出现鼎盖。由于古人时常在鼎上刻以文字来记录当时一些事情，因此鼎不仅具有很高的艺术价值，还成为研究古代历史的重要文物。

宋郑之战 ▶▶▶

公元前 607 年，郑国迫于楚国声威，按照楚国的指示，出兵攻打宋国。郑穆公派公子归生率军征讨宋国，双方在大棘（今河南柘城西北）交战。宋军大败，大将华元及乐吕为郑军俘获。

公元前 608 年，晋国发兵攻打宋国，宋国被迫求和，与晋国结盟。宋国的背楚亲晋，让楚国失去了一个盟友。楚国在陈共公去世时，未派人前去参加丧礼，陈灵公一气之下，投向了晋国的怀抱。楚国报复宋、陈两国，联合郑军攻打宋、陈。晋大夫赵盾率军救宋、陈，会合宋军反攻郑国。楚国赶来救郑，在北林（河南新郑境内）与晋军遭遇。晋军战败，大将解扬被俘。次年，楚庄王释放解扬回国。晋国再吃败仗，很不甘心，为摆脱战场上的被动局面，赵盾采取赵穿的计策，攻打秦国的附庸国崇国，想逼迫秦国出手相救，再借此作为请秦国联手对付楚国的条件。然而，秦国没有理会，晋国的如意算盘落空，遂将怒气撒到了郑国头上，再度攻打郑国，

【中国历史知识小词典】

驭手 >>

在以车战为主的春秋时期，一个好的驭手在战场上扮演着非常重要的角色，尤其是为主帅驾车的驭手，他们会有一定的军衔，其地位甚至高于普通士兵。战场上，驭手居中驾驭战车，军士分别立于战车两侧，除了作战杀敌，保护驭手也是他们的职责之一。

以报北林一役之仇。

楚国的强盛使得本来就在事晋奉楚之间摇摆不定的郑国，不得不考虑改变对楚国的外交策略。公元前 608 年，郑国以晋国无信攻己，又反过来攻打晋的盟国齐、宋，后来因为接受齐、宋贿赂，半途而废，并进一步叛晋而"受盟于楚"。

公元前 607 年春，郑国遵照楚国的命令进攻宋国，借以打击宋的支持者晋国。郑穆公派出了公子归生，宋国则任命华元作为三军主帅，宋、郑大军在大棘（今河南睢县南部）集结对阵。

大战开始前，华元及时在

🔴 春秋时期，郑国出兵攻打宋国。宋国派华元、乐吕领兵抵抗。

全军做了一次战前动员，杀猪宰羊犒赏了全军将士。华元与将士们豪饮大食，作为主帅的华元自己喝得高兴，却把给他驾驭战车的羊斟给忽略了。一直坐着冷板凳的羊斟看着众人喝得尽兴，心里生气，暗自琢磨道："我为你驱车助战，没有功劳也有苦劳。你却把我晾在一边，好，阵前的犒赏你做主，打仗就要轮到我做主，看我到时怎么让你下不来台。"谁能想到呢，就因为这么一件区区小事，羊斟的一个小心眼，竟然导致了宋军大败，使得主帅华元、大将军乐吕成为了郑国的阶下囚。

战场上，郑、宋两军摆好了阵势，双方将士个个摩拳擦掌、跃跃欲试。作为保卫疆土的宋军一方更是士气高昂，将士们同仇敌忾，就等着主帅一声令下，扑上去奋勇杀敌。立于战车的主帅华元目光炯炯地盯住郑军阵营里的些微变化，全神贯注考虑对策。就在他发令向敌营冲杀时，意想不到的事发生了。他乘坐的指挥车突然失去了控制，驾车的马匹疯了一般驾着自己的主人冲向了敌人阵营。

华元的脑子一时蒙住，等他回过神来，他的战车已经深入郑军，在里面横冲直撞，而他的将士们则在远远的对面目瞪口呆地看着这戏剧性的一幕。郑军也看呆了，忽然有人大喊："抓住敌将者，重赏！"所有的郑军一下被激活了，他们迅速将华元的战车团团围住。华元冲着羊斟大喊："回车，掉头！快掉头！"可羊斟哪里听他的呢，他才不管你什么事关大局，一军之主的。华元彻底绝望

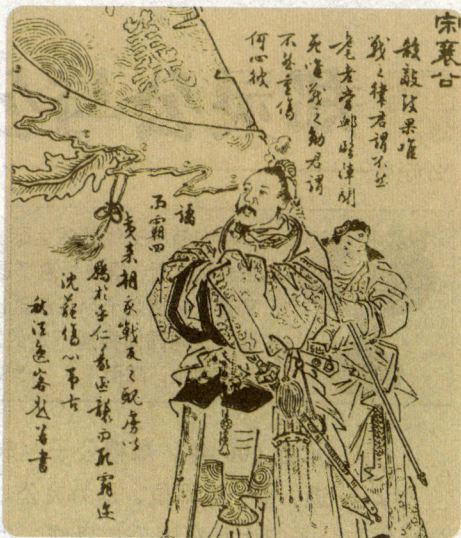

● 宋襄公

了，看着羊斟一意孤行将战车驱往郑军纵深，他真恨不得一头跳下去摔死算了。

公子归生一看宋军失了主帅全在发愣，就势一声令下，郑军如同洪水猛兽直冲了过来。宋军群龙无首，慌了手脚，顿时乱作一团。郑军趁势横扫宋军，杀得宋军狼狈逃窜，这次大棘之战，以郑军大捷告一段落。宋国经此一役，被迫与郑国谈判，并打算用物资向郑国赎回主帅华元。后来，华元趁着交接物资的机会逃回宋国。

公元前 606 年，秦为报复去年晋侵崇之役，出兵攻晋，包围了焦地，致使秦、晋关系一度紧张。同年夏，晋赵盾解焦之围，接着联合卫、陈攻郑，替宋报大棘之役。楚庄王闻讯，立即命鬬越椒领兵救郑，赵盾恐不敌楚军，悄然退兵。晋成公即位初，晋国再度攻郑，迫使郑国与其立盟。

中国通史经典故事

郑灵公与公子宋 ▶▶▶

就在楚庄王伐陆浑之际，楚令尹鬬越椒趁机发动叛乱，杀了大夫芳贾。楚庄王当机立断，很快平息了这场叛乱，杀了鬬越椒，消灭了他的余党。之后，庄王又委以芳贾之子孙叔敖重任，变革改制，使楚国国力大增。面对楚国的强势，在晋、楚两国间摇摆不定的郑国开始考虑改变对楚国的策略。郑穆公去世后，郑灵公即位，然而不久，他却因为一起风波而死在了公子宋的手下。

公元前 606 年，郑穆公子兰病逝，世子夷即位，是为灵公。公子宋与公子归生是郑国公室贵戚，也是郑国当朝重臣。公子宋有个奇特的本领，他的食指经常会莫名其妙地跳动，公子宋向公子归生夸耀称如果食指跳动，次日他必然能够尝到奇珍异味，每次都很灵验。有一次，郑灵公得到一只巨鼋，准备烹了和众臣共享。公子宋和公子归生一同上朝，忽然食指大动，问了宫里的内侍以后，公子宋向公子归生说："美味在此，我的食指没有骗人吧？"公子归生含笑不语。

二人来到朝堂，果然见一肥硕无比的大鼋被缚在堂柱之上，两人相视一笑，这时，郑灵公刚好进来，见二人面有喜色，不禁好奇地问："两位爱卿今天有什么好事，这么高兴？"公子归生就把公子宋食指动而知美味的事告诉了郑灵公，郑灵公开玩笑说："子公（公子宋）的食指灵验不灵验，还不是寡人一句话的事？"公子宋二人退出朝堂后，公子归生与其打赌说："这美味就在眼前，到时如果郑伯不赐你一杯羹的话，如何？"公子宋满怀自信地说："群臣共享，难道郑伯会独独忘了我？"

等到吃饭的时候，郑灵公果然派内侍来召集群臣，公子宋高高兴兴地去了。众人就座后，君臣一

🔵 春秋郑国《左传》

番寒暄，内侍开始分美味。先是郑灵公，灵公尝了以后，大赞其味美。然后从下手位置往上分到上座，等到第一第二席，就剩下一人的份了。内侍不是如何是好，问郑灵公问该分与何人。郑灵公毫不犹豫地说："赐给子家（公子归生）。"原来郑灵公故意吩咐厨师少做了一份，想借此让公子宋的食指之言失灵，让他难堪。内侍按照郑灵公的意思，将最后一杯羹分给了公子归生。郑灵公大笑："寡人本来要赏遍群臣，但现在偏偏少子公一人的份，看来这也是天意，子公无缘此美味呀。"

公子宋在公子归生跟前早已夸下海口，如今被晾在一边，这着实让他颜面全无。子公恼羞成怒，径直走到郑灵公跟前，伸手到灵公的食器中，取了一块肉毫不客气地塞到嘴里，咀嚼道："这巨鼋味道确实不错，您瞧，我的食指不是应验了么？"说完，拧身大步走了。郑灵公半天才反应过来，大怒道："好你个子公，如此大逆不道，竟敢欺负到寡人头上。你以为寡人不敢取你的人头吗？"看到郑灵公动怒，公子归生赶紧拜倒在

● "食指大动"的故事出自《春秋左氏》宣公四年的记载，据说这只巨鼋是当时楚人向郑灵公进贡的。

地替公子宋求情，灵公愤愤不已，一场好好的聚餐就这么不欢而散。

公子归生在郑灵公与公子宋之间多次周旋，但君臣二人怨怒已深，矛盾不可调和。公子宋信赖公子归生，把他请到自己府上，说了他的打算。"郑伯眼里只怕是容不下我了，与其坐以待毙，不如首先发难，或许还能免于一死。"公子归生大惊失色，公子宋转脸笑道："玩笑话，你不要当真，可别泄露出去。"公子宋得知公子归生与郑灵公的弟弟公子去疾交情深厚，向外散播传言说公子归生与公子去疾常有往来，恐怕有密谋。公子归生吓得去找公子宋，向他质问。公子宋威胁他，如果不与自己合作，他就要置公子归生于死地，子家生性懦弱，只好顺从。

公元前 604 年，公子宋遣人夜入宫内暗杀了郑灵公，又对外宣称郑灵公暴病身亡。郑灵公一死，公子宋欲奉公子去疾为君，遭拒，又改立公子坚为君，是为郑襄公。

【中国历史知识小词典】

鬭越椒谋叛

鬭越椒原是楚国令尹，楚庄王上台后，害怕卿权过重威胁君权，于是收回鬭越椒的部分权力。鬭越椒因此心有不满，遂生造反之心，正好楚庄王要去伐陆浑，鬭越椒借机发动叛乱，杀了大夫苏贾，苏贾子孙叔敖带着母亲逃到梦泽避难。楚王设计诱鬭越椒，鬭越椒自恃箭法精准与养繇基比武，中箭身亡，楚王得以平叛乱。

夏姬祸国 ▶▶▶

№ 056

春秋时期郑穆公的女儿夏姬是一位有名的美女。她嫁给陈国大夫夏御叔为妻，御叔早死，留下夏姬与儿子夏徵舒一起生活。陈灵公淫乱好色，和臣子孔宁、仪行父沉迷夏姬美色，君臣三人皆与夏姬有染。夏徵舒成人后，不堪忍受母亲与陈灵公胡作非为，弑君行变。孔宁、仪行父逃亡楚国，唆使楚国伐陈。楚王杀了夏徵舒，掳获夏姬，将她赐给臣子。

郑穆公的女儿夏姬可谓是绝色佳人，因为她嫁给了陈国大夫夏御叔为妻，因而称为夏姬。夏御叔早死，留下夏姬与他们的儿子夏徵舒相依为命。夏徵舒长大成人后继承了他父亲的官爵，成为陈国的官员。夏姬貌美如花，生性风流。陈国大夫孔宁、仪行父对夏姬的美色早已垂涎三尺，在一来二去后，两人与夏姬有了暧昧之情。陈灵公是个昏庸好色之人，在孔宁的引荐之下，陈灵公得以一睹夏姬芳容。这次见面让陈灵公大有相见恨晚之意，而夏姬也极尽狐

【中国历史知识小词典】

《株林》

株是陈国的邑名，在今河南西华县西南，它是夏徵舒的封邑，株林即株邑郊外。对陈灵公和夏姬的丑事，陈国人作了《株林》这首诗来讽刺他们。《诗经·陈风》中记载："胡为乎株林？从夏南兮？匪适株林，从夏南兮！驾我乘马，说于株野。乘我乘驹，朝食于株。"这首诗以"我"即陈灵公的口气，以设问开头，暗讽陈灵公借找夏徵舒之名与夏姬在株林私会（夏徵舒字子南，也叫夏南）。

媚诱惑之能事，将陈灵公迷得神魂颠倒。陈灵公与他的两个臣子都与夏姬私通，但三人不以为耻，反以为荣，甚至在朝堂之上拿他们之间的秽事公然调笑。

大臣泄冶实在听不下去三人的污言秽语，拉住陈灵公的衣角，劝道："臣听说'君臣有敬，男女有别'。可是如今您的所作所为，哪里还有半点为人君的样子？长此以往，您就不怕陈国人指着您的脊梁骨说您吗？君臣有敬则不会相互怠慢，男女

🔴 春秋时期楚国战马遗迹

有别则不会伦理无序；否则背道而驰，国将不国而必亡啊。臣以死请谏，希望您尽早悔改！"陈灵公尚还有点廉耻之心，用衣袖掩着脸说："爱卿所言极是，你不必多说了，寡人已有悔意，日后自不会如此。"泄冶听了陈灵公这话，方才告退。

孔宁、仪行父二人在大门外打探消息，一见泄冶怒气冲冲出来，正要溜之大吉，被叫住。泄冶训斥他们道："为人臣子，本该尽职尽责为国君进忠言，而二位非但未尽丝毫做臣子的本分，还教唆国君拿你们那些丑事大肆宣扬。自作聪明、自以为是，令国人蒙羞，你们不觉得羞耻吗？"孔宁两人哪里敢还话，只得唯唯诺诺含糊应对。

孔宁、仪行父复见陈灵公，说了泄冶指责两人的话。陈灵公死性不改，毫不廉耻地说："寡人宁愿得罪泄冶，也不愿舍弃这等快活之事。"孔宁、仪行父为了讨陈灵公欢心，也欲借机除掉泄冶，遂向陈灵公建议杀了泄冶。陈灵公点头应允，孔宁二人依计行事，杀了泄冶。

君臣的丑行传遍全国，陈国人对他们恨之入骨。没了泄冶阻拦，陈灵公更加有恃无恐，出入夏姬住所如家常便饭。

有一回陈灵公、孔宁和仪行父在株林夏姬家里，几人酒后胡言乱语，竟然拿夏徵舒的身世说事。他们的谈话正好

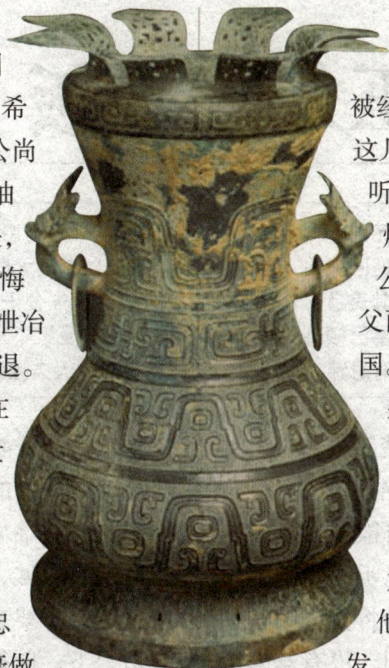

🔸 **春秋时期青铜兽纹活环盖壶**

被经过窗外的夏徵舒听见，对这几个人夏征舒早有厌恶，闻听此话，他心里的愤怒终于爆发，一气之下杀了陈灵公。可惜的是，孔宁和仪行父两人借机逃脱，跑到了楚国。公元前 599 年，夏征舒射杀陈灵公，对外宣称陈侯暴病身亡，并立世子妫午为君，是为陈成公。陈成公恨夏徵舒杀父，但因为夏徵舒手中握有兵权，他无力能敌，只能隐忍不发。夏徵舒知道自己弑君一事早晚会东窗事发，害怕诸侯各国借机讨伐，于是硬逼着陈成公亲自前往晋国，向晋国示好，以求找个靠山。

孔宁、仪行父逃到楚国，向楚庄王说了夏徵舒弑君谋乱一事，却只字未提自己与陈灵公三人侮辱别人在先。楚庄王听信他们一面之辞，召集群臣商议是否要出兵平陈乱。楚国大夫屈巫也是个贪淫好色之徒，早年他出使陈国，曾睹夏姬风采，从此对其念念不忘。对夏姬美色早有觊觎之心的屈巫听到夏徵舒杀了陈灵公，心下大喜，认为正可以借此机会出征陈国，掳取夏姬，于是他大力撺掇楚庄王兴师伐陈。楚庄王向令尹孙叔敖询问意见，孙叔敖也表示同意，楚庄王于是下定决心入陈平叛。

楚庄王入陈平叛 ▶▶▶

№ 057

公元前 598 年，楚庄王以夏徵舒弑君为由，出兵陈国平乱。陈成公被楚庄王迎回陈国，夏徵舒被俘，被处以车裂之刑。其母夏姬被带往楚国，楚庄王爱其美色，本欲留在自己身边。大夫公子侧也欲夺得夏姬，而大夫屈巫更是早已倾慕夏姬之美，于是他借口夏姬不祥，力劝楚庄王和公子侧；楚庄王心有忌讳，遂将夏姬赏赐给鳏居的大夫连尹襄老为妻。

公元前 598 年，楚庄王决心出兵伐陈。虽然陈国人对陈灵公这样的昏君早有厌恶，但夏徵舒弑君却是性质更为恶劣的事。所以听说楚国要来征讨夏徵舒，陈国人纷纷将责任归咎于徵舒，各个城池大开城门，没有丝毫抵御。楚庄王引领三军，与公子婴齐、公子侧、屈巫一班大将如入无人之境，直取陈都。夏徵舒知道人心背己，悄悄逃到了株林。陈国大夫辕颇与诸臣商议，认为楚庄王伐陈的目的在于诛杀夏徵舒，如果能够将夏徵舒主动献给楚国，遣使求和，如此保全国家社稷。群臣皆以为是，辕颇于是命人前往株林缉拿夏徵舒。

辕颇派去的人还未动身，楚庄王的大军已经兵临城下。陈国人自动打开城门迎楚军入城，辕颇带兵前往迎接。楚庄王留公子婴齐在陈国都城，自己在辕颇指引下，前往株林征讨夏徵舒。夏徵舒收拾了东西正欲带着母亲夏姬逃往郑国，被楚军拦截抓获。楚庄王见到夏姬，顿时也为她的美貌倾倒，情不自禁地跟身边的臣子言语道："寡人后宫佳丽虽多，有夏姬这般绝色者甚少。寡人如要纳其为妾，诸位意下如何？"大夫屈巫赶紧制止道："万万不可，大王出兵伐陈，是为了讨伐夏徵舒的罪过。如果纳夏姬为妾，这是向天下表明大王贪恋美色，大王不可忘了争霸诸侯的大业，还请慎重。"

楚庄王觉得屈巫说得对，于是让人放了夏姬。这时一旁的公子侧突然跪地请求道："大王，臣有一事

🔵 俞伯牙，春秋时代的琴师，被人尊为"琴仙"。据说，伯牙善弹琴，钟子期善听音，高山流水遇知音的典故就是出自他俩的传说。

相求。"楚庄王扶他起来，"子犯有何事欲求于寡人？"公子侧说："臣中年无妻，请大王将夏姬赐予臣为妻。"屈巫又制止道："大王不可答应。"公子侧怒道："子灵（屈巫）到底有何居心不容我娶夏姬？"屈巫解释道："夏姬是不祥之人，和她在一起的，没一个落得好下场。天下那么多美妇人，子犯又何必执着于夏姬呢？"楚庄王劝公子侧道："子灵说得是，子犯不必太在意了。"公子侧心有不服，却也没有办法，便道："既然这样，大不了我不娶了。不过，你说大王娶不得，我也娶不得，那你也不能娶她！"屈巫赶紧辩白："哪里哪里，我自然不敢！"楚庄王说："寡人倒想起一个人来，连尹襄老近日丧偶，不如将夏姬赐予她做继室，你们觉得如何？"屈巫和公子侧纵然心中多有不快，也不好说什么，就点头说是。楚庄王把连尹襄老召来，将夏姬赐予他带回楚国。

楚庄王命人将夏徵舒处以车裂之刑，灭了陈国，将其降为楚县，并拜公子婴齐为陈公，让他守陈国疆域。楚庄王事

王子婴次炉，楚国铜器，1923 年出土于新郑李家楼郑公大墓。

成归国，其下属的各国纷纷前来朝贺。当时齐国齐惠公刚刚去世，世子无野即位，是为齐顷公。楚庄王派遣大夫申叔时出使齐国行吊丧贺新之礼，待楚庄王回到楚国好几天，申叔时才从齐国回来。楚庄王知道申叔时归来，就等着他来向自己祝贺，但迟迟不见申叔时的表示。楚庄王自己按耐不住了，就派了人暗中向申叔时递话责备他道："夏徵舒无道弑君，寡人出兵伐陈，杀了他，灭了陈国。众人都来朝贺，独独你不闻不问，你对寡人征讨陈国有意见吗？"

申叔时随使者求见楚庄王，以"蹊田夺牛"的故事向楚庄王劝谏道："虽然夏徵舒有罪在先，但他只是杀了陈灵公这样的昏君，并没有使陈国亡国。大王您出兵伐陈，讨伐他的罪过就行了，可是您还灭了陈国，把陈国的土地据为己有，这和抢夺经过自家田地的别家之牛有什么不同？又有什么值得祝贺的呢？"楚庄王大悟，随即派人召来陈国大夫辕颇，让他回陈国迎陈成公归国，并遣人将公子婴齐的人马召回楚国。陈成公感念楚庄王平乱之恩，陈国与楚国修好。

【中国历史知识小词典】

屈巫弃楚奔晋 >>

连尹襄老娶了夏姬不久就战死沙场，夏姬借机回到家乡郑国，屈巫则借口出使齐国绕道郑国，在驿馆中与夏姬幽会。之后，屈巫带着夏姬辞官弃家，投奔晋国。公子侧气愤不已，向楚王告屈巫。楚共王不听，公子侧于是联合子重杀害了屈巫一家。屈巫为复仇，向晋国请求出使吴国，联吴伐楚。吴国在屈巫协助下实力渐长，成为春秋后期敢与楚国叫板的对手之一。

郑襄公忍辱存国 ▶▶▶

№ 058

楚庄王平定了陈国之乱之后，对时叛时服的墙头草郑国很不放心，决意出兵伐郑，以使郑国彻底归附楚国。公元前597年，楚庄王亲自率军攻打郑国，一路势如破竹，直取郑都新郑。楚国大军围攻新郑，郑国则因为晋国已经答应前来相救，死守城池拒不投降。楚庄王命令大军强攻数月，郑国终于不支，城破投降；郑襄公赤着胳膊牵羊出城迎接楚庄王，庄王为此退兵，与郑言和。

郑国一直以来都是晋楚两大强国拉拢和争夺的对象，不过处在强国夹缝中的日子实在不好过。它两边谁都不敢得罪，只要稍向一方示好，得到的必定是另一方的武力相向。为了自保，郑国只能做个墙头草。公元前606年，郑国奉楚国之命讨伐宋国，宋国大败，大将华元被俘。后来郑国接受宋国贿赂，与宋国谈和。楚庄王对两边倒的郑国早有教训的打算，公元前599年，楚庄王出兵平陈国之乱，趁着楚国无暇顾及，郑国又与晋国有所往来。这下，楚

春秋番君鬲，高11.8厘米，其形束颈圆肩，无耳器身呈横宽发展，饰纹回旋曲柔，简洁抽象，自由随意。

庄王可不高兴了，他下定决心给郑国点颜色看看。

公元前597年，楚庄王率兵攻郑。郑国告急，赶紧派人向晋国求助。晋景公以荀林父为主帅，率三军过河救郑。楚军浩浩荡荡直奔荥阳而来，连尹襄老作为开路前锋。临出发时，连尹襄老手下有一名部将主动请缨，愿率百余人提前出发为三军开路，连尹襄老应允。这位部将带着一队人马所向披靡，战无不胜，所到之处，郑军闻风丧胆。楚庄王的大军跟在后面一路几乎没有遇到什么阻拦，庄王心里很高兴，准备嘉赏连尹襄老。连尹襄老借机将自己的这名部下引荐给楚庄王，楚庄王为自己有这样的得力人手颇为自豪，打算重赏此人。哪知此人却说他早已受过庄王之恩，庄王显得很奇怪。

原来之前楚庄王宴请群臣，一个臣子借着酒意，在风吹灭蜡烛之际，调戏楚庄王的宠姬。庄王的宠姬一把抓断了他帽上的带子，并向庄王请求严

楚庄王与大臣商议国是

查此人。但楚庄王没有深究此事，而是让群臣都把自己的帽子带挣断尽情欢饮，这个臣子因此逃过一死。楚庄王听了事情的原委，知道此人就是那位调戏自己宠姬的臣子，坚持要为此人记大功，但这个人坚决不受，从此不知所踪。

楚军一路疾驰，直奔郑国都城新郑。楚军包围郑都数十日，郑襄公仗着有晋国相救，有恃无恐，命城中军民拼死抵抗，坚守不出，郑军死伤甚重。面对这种残酷的现实，郑都城内有人忍不住失声痛哭，这一哭引来全城人同感，顿时全城号啕声一片。楚庄王听到城内哭声震天，心中不忍，于是下令先退兵十里。

郑襄公看到楚军后退，以为晋军援兵已到，精神为之大振，随即又下令继续修复城垣，无论男女皆上城巡逻。楚庄王看到这番景象，顿时大为光火，命令全军再度围攻。郑国坚守了三个月，终于扛不住，宣布投降。楚庄王带兵入城，行至半路，见一男子袒胸露臂牵一头羊迎面走来，众人仔细一看，原来是郑襄公。

郑襄公满面愧色说："我失信于楚，让您生气，劳师动众来到敝国。现在我的生死都掌握在您的手中，我惟命是听。或者您把我流放到江南，把郑赐给诸侯，我也无二话。如果您可怜我，又念及郑国先祖之好，不予赶尽杀绝而断了他们的祭礼，您就给我不毛之地，使我能够侍奉您，这也是我的微薄之愿。我不敢有太多奢望，只不过冒昧地向您表露一下我的想法，请您考虑一下。"

楚庄王觉得郑襄公已经到了这一步，也不好逼人太甚，就让军队再退后几十里驻扎下来。楚国大臣纷纷反对，认为辛辛苦苦地打下了郑国，这么放弃实在不该。楚庄王说："我们之所以讨伐郑国，是因为之前他们不驯服。如今郑国已经表示臣服了，得饶人处且饶人，过分逼人又有何益？"楚庄王退意已决，众臣也不好再说什么。楚国退兵后，郑国为表示对楚国的忠诚，让他的弟弟入楚为人质。

【 中国历史知识小词典 】

古代投降仪式 》

郑襄公肉袒牵羊迎接楚庄王的形式，后来沿袭成战败国向战胜国投降的一种仪式。在古代，"面缚舆榇"也是表示投降的一种形式，即战败国君反绑双手，用车载着空棺，以示投降并自请刑罚，意在将自己的性命交予战胜国处置；另外古代也有战败国君臣身穿丧服投降的做法，这些象征性的行为举止目的是为了表达投降的诚心。

邲之战 ▶▶▶

№ 059

公元前597年，楚庄王出兵伐郑。晋景公闻讯，为了拉拢郑国，派荀林父率军救郑。郑国被楚军围困日久，抵挡不住在晋军赶来之前，先一步投降楚国。郑襄公又恐得罪晋国，于是遣人往晋、楚大营探听虚实，顺带煽风点火，使晋、楚交战，以隔岸观火。荀林父本意退兵，但手下诸员大将不顾命令，擅自向楚军挑战。楚王忍无可忍，率兵攻打驻扎在邲地的晋军，晋军纷乱迎战，最后惨败而归。

由晋文公、秦穆公共同开创的联合对楚的战略格局，在经历了崤之战后发生了逆转性的改变。由于秦晋关系的恶化，晋国丧失了一个强大而坚实的盟友，而楚国则因此解除了它继续向中原推进的后顾之忧。往后的时期，晋国国内各卿大夫的权势日益加重，大夫相争，内乱迭起，晋国再也没有晋文

🐎 楚庄王挥军向郑国发动了大规模的进攻，楚庄王亲率大军围困郑国三个多月。郑国抵挡不住在晋军赶来之前，先一步投降楚国。

公时期的蓬勃之气；而另一面，楚庄王奋发突起，任用孙叔敖辅佐朝政，大力发展农业生产，整顿吏治，加强君主集权，改革军事，楚国的实力日渐增强。楚庄王问鼎中原的勃勃野心也随着楚国的逐渐强盛而愈加强烈，一场晋、楚两国间的争霸之战蓄势待发。

公元前597年，平定了陈国之乱的楚庄王为了教训收受宋国贿赂，并擅自与宋国讲和的郑国，亲率大军围攻郑都新郑。郑国坚守数月，最终投降。就在郑国遭楚国围攻之际，郑国也向晋国发出了求救信号。晋景公以荀林父为中军主帅带领上、中、下三军救郑，晋军行至黄河岸边听说郑国扛不住向楚国投降，本来就不想打仗的荀林父决意以未及救郑为由，退兵回国。上军主将士会认为楚国国内政治稳定、实力坚厚，军队又训练有素，退之为上策。中军副将先縠则认为如果晋军面对强敌一味退缩，有负晋文公辛苦创下的霸业。他极力地反对退兵，不顾主帅之命，擅自带了一支队伍渡过黄河找楚军挑战。

钟离国遗址蚌埠双墩一号墓出土的文物钟。钟离国是春秋时期一个嬴姓小国，故址在今安徽凤阳一带，后为楚国所灭。

先縠刚走出营门，遇上中军大夫赵婴齐、下军大夫赵同、赵括两兄弟。三人听说先縠要出营与楚军交战，击掌响应，也各带人马加入渡河大军之中。大夫魏锜、赵旃平日在朝中不怎么得宠，想借此机会泄私愤，于是也以和谈的名义私自前往楚营索战。

荀林父得知赵婴齐兄弟也随先縠而去，心下没了对策。司马韩厥建议不如三军齐发，如果此战大捷，则诸将皆有功；如若战败，则诸将共担其责。荀林父听从韩厥建议，传三军并进渡过黄河，驻扎在邲地的敖、鄗二山（今河南荥阳北）之间。

楚庄王得知晋军渡河而来，召重臣商议战与不战。庄王和令尹孙叔敖有意撤兵，大夫伍参认为晋军主帅荀林父与手下诸将分歧众多，将帅不和是兵家大忌，晋军必败。他又进一步使用激将法说，堂堂楚国之君避战于晋国之臣，实在是社稷大辱，如果回去，会遭到楚人不耻。楚庄王被他这么一激，下定决心与晋军一战，随即命孙叔敖停止撤退，回师北上。

楚庄王先遣人向晋军求和，以假象迷惑荀林父。荀林父一面因将不听命而没有决胜之心，另一面又为楚使求和的假象所惑，未作战斗准备。楚庄王看准时机，采取主动攻势迅速接近晋军，展开进攻。晋军遭到突袭，慌做一团，荀林父急命士兵渡河逃归。上军主将士会此前有所准备，在敖山上埋设伏兵，未被打败。中军大夫赵婴齐也多留了一计，提前派人在黄河岸边布置了舟船，以应逃跑之需。晋军在楚军的猛烈攻势下，毫无还手之力，被打得七零八落、狼狈不堪。撤退的晋军一拨接一拨往黄河岸边涌来，赵婴齐过黄河后，在对岸四下搜罗舟船再返回这边接应残军。赵同和赵括来到岸边，得知赵婴齐不顾手足自己先行渡河，顿时火冒三丈，从此与赵婴齐有了怨隙。

晋楚邲之战以晋军大败宣告结束，楚庄王则通过这一仗建立起自己的霸权，但因为晋国国力雄厚，其锐势虽减，不过也只是暂时落于下风。

【中国历史知识小词典】

蜀地会盟

邲之战中楚国一举击败中原霸主晋国，由此揭开楚国称霸的大幕。公元前594年冬，楚、鲁、蔡、许、秦、宋、陈、卫、郑、齐、曹、邾、薛、鄫等十四国于蜀（今山东泰安西）会盟，正式推举楚国主盟，楚庄王遂成为称雄中原的霸主。

宋元华杀楚使 ▶▶▶

№ 060

晋楚邲之战结束不久，楚令尹孙叔敖就病倒了，不久即辞世。孙叔敖一去，楚庄王如同失了左膀右臂。晋国听说孙叔敖去世，认为这是打击楚国的大好机会，于是出兵侵犯郑国，大胜而归。郑襄公畏晋，求救于楚。为了报晋国侵郑之仇，楚庄王派申无畏出使晋国的坚定盟友宋国，故意激怒宋国再借此伐宋。宋将华元与楚有仇，果然杀了楚使臣申无畏，为后来楚国攻宋提供了把柄。

公元前 595 年，孙叔敖去世后，晋国抓住机会先行侵郑。郑国向楚国告急，楚庄王召集群臣商议。公子侧认为晋国伐郑，无视楚国，理当以牙还牙，出兵攻打晋国的盟友宋。楚庄王也赞同公子侧的想法，但苦于伐宋没有合适的理由。公子侧说："这个不难。之前齐国多次遣使来楚国求盟，我们现在还没有答复。如今正可以借这个机会派使臣往齐国，径自从宋境经过，不要打招呼，可借此试探宋国的态度。如果宋国不予计较，则我们可提出结盟之请，宋国也不会拒绝；如果宋国以此侮辱楚国使臣，那我们正好借助机会以此为由兴师伐宋，不正好一举两得吗？"

楚庄王考虑了一下，认为公子侧所言也不失为一个好计策，于是把大夫申无畏召来，准备派他出使齐国。

申无畏与宋国早已结怨，公元前 617 年冬，楚穆王邀请陈侯、郑伯、蔡侯一起出兵攻打宋国，在厥貉陈兵集结。仗还没打起来，宋国听到消息主动投降。楚穆王就放了宋国一马，将原定的打仗改为诸侯狩猎了。几位国君一同出发，临行前楚穆王交待，每位国君的车辆上都需备有燧石等取火用的材料。偏偏宋伯把这事给忘了，等到要用的时候，他跑来向楚穆王借燧石。这边楚穆王还没有发话，一旁的申无畏发牢骚，宋伯不把命令当回事该受罚，还

🌀 楚令尹孙叔敖之墓

把给宋伯驾车的人打了一顿。对申无
畏所为，楚穆王也未多加拦阻。宋国
慑于楚国之威，敢怒不敢
言，从此与申无畏结仇。

　　申无畏知道此去齐国必得
经过宋境，凶多吉少，为确保
万一，他向楚庄王请求经过
宋国时必须出示的借道文
书。楚庄王假装不知其中缘
由，反问申无畏："你害怕出
使齐国吗？"申无畏说："臣
与宋国有隙，大王您也不是
不知道。如果没有借道文书，
宋国必会以私闯其境杀了
我。"楚庄王说："这没关系，
寡人在别的文书上给你改个名
字就行。"申无畏仍然不愿动身起
程，"名字可以改，但相貌改不成。"
楚庄王生气道："如果宋国胆敢杀你，寡
人一定灭了宋国替你报仇！"楚王话说
到这个份上，申无畏再不敢推辞，只得
答应下来。临行前，他把自己的儿子申
犀托付给楚庄王，然后才动身起程。

"莲鹤方壶"。此壶以带状分割的方
法表现采桑、射击、狩猎、宴饮、奏乐、
歌舞、攻防战等不同场景。

中国通史经典故事

　　申无畏行至宋都睢
阳，守城官吏得知是楚
国使臣，向其索要借道文
书。申无畏拿不出来，被
扣留。宋文公听说楚国使
臣被扣，召华元前来商议如
何是好。华元之前与郑国
交战兵败，对郑、楚怨恨
颇深，说："楚国与宋国
是世仇，当年宋襄公在
盂地之盟受辱，后宋昭
公又为申屈所欺，如今楚使
公然过宋，拒不出示借道文
书，都欺负到自家门口了，
这口气无论如何咽不下，臣恳
请您下令杀了楚国使臣！"宋文公担心
惹恼楚国，招致兵灾。华元坚持报仇雪
耻，宋文公也无计可施，便将事情交给
华元处理。

　　华元见到申无畏，一眼认出了他，怒
上加怒，申无畏也抱了必死之心，干脆
大骂华元和宋文公。华元一怒之下杀了
申无畏，一把火焚毁了楚国遣申无畏赴
齐的所有文书。

　　楚庄王正在用膳，听到飞报申无畏
被杀，气得一把将筷子扔到饭桌上，撸
起衣袖冲出宫门，即拜公子侧为大将，亲
自率兵出征宋国。短短数月，楚军昼行
夜驰以神速抵达宋都，准备对宋国展开
一场大战。

【 中国历史知识小词典 】

楚庄王葬马 》》

　　《史记·滑稽列传》有个故事说楚庄王有一
匹心爱之马，庄王对它珍爱备至，对它跟那个爱
鹤的卫懿公给鹤的待遇差不多。可惜的是这马
最后得了富贵病，因过度肥胖死了。楚庄王异常
伤心，派人给马发丧，要以大夫的级别给它置棺
材。一个叫优孟的戏子跑到大殿，在楚王跟前痛
哭不已。楚王很吃惊，优孟就说了，这马是大王
的心爱之物，如今只能以大夫之礼葬它，太委屈
了，应该以大王之礼对它才行。庄王听后羞得无
言以对，就取消了厚葬死马的想法。

楚庄王借口攻宋 ▶▶▶

№ 061

公元前 595 年，楚庄王派申无畏出使齐国，借道宋境。宋国杀了申无畏，为楚国伐宋提供了借口。楚庄王一怒之下，兴师伐宋。楚国大军包围宋都好几个月，宋国向晋国紧急求救。晋国出于自身考虑，不愿出兵相救，而派解扬出使宋国鼓舞士气。解扬乔装入宋，被楚国士兵抓获。楚国要解扬向宋人劝降，解扬不从，宋国华元夜入楚营，威逼公子侧退兵，楚国无奈答应。

公元前 595 年，楚庄王因为申无畏被宋国杀害，出兵伐宋。宋文公和华元商议，派使者往晋国求援。晋景公想助宋国一臂之力，大臣伯宗劝谏道："现在救宋不宜。楚国如今如日中天，贸然救宋，徒劳无益。"

晋景公不悦："宋与晋相亲，不予救宋，晋国在诸侯间有何信用可言？"伯宗道："楚国攻宋粮草不济，必定不能相持太久。我们可以派人告诉宋人说晋国大军稍后即到，坚定宋国守城之心。不出数月，只要楚国一退兵，则睢阳之围即解。"晋景公听从了伯宗的建议，遣大夫解扬出使宋国。

解扬进入宋国境内，被楚国的士兵当成奸细给抓了起来，带到楚庄王跟前。楚庄王认得解扬，当年晋楚北林一役，解扬被俘，后来又被楚庄王放了回去。

楚庄王看到解扬，查看了他携带的文书，得知他是奉晋侯之命告诉宋国坚守待援，说："寡人和你商量一下，如果你能按照晋侯文书中的意思，反其道而行，告诉宋人晋国国内有事不能加以援手，断了宋人后路，使宋国降楚。如此也免了两国生灵涂炭，事成之后，寡人对你有重赏。"解扬低头不应，楚庄王口气一转，"你考虑一下，不然，寡人就杀了你。"解扬本欲以死相求，又怕死了难以完成晋侯交付的使命，于是点头应允。

楚庄王让解扬立于用来眺望城内动静的楼车之上，向睢阳城内喊话。解扬抓住机会振臂高呼："我是晋国使臣解扬，被楚军所获。楚王诱我劝你们投降，你们听好了，晋侯率领大军已经起程了，不久就到，你们一定要坚持下来。"楚庄王本来还欢天喜地等着宋人投降，听解扬这么一喊，一下

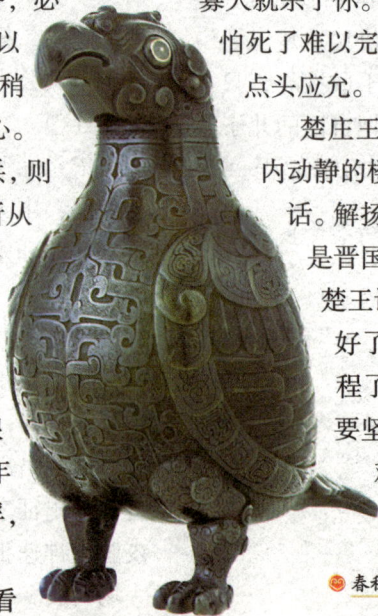

🏵 春秋战国 蟠螭纹鸟尊

春秋战国时期，楚国攻打宋国，宋国向晋国求救。

怒了，立即让人把解扬从楼车上扯了下来，怒斥道："你出尔反尔，失信于寡人，这全是你咎由自取。"说着让人把解扬拖出去斩了。

解扬毫无畏惧，辩解道："如果我对您守信，则失信于晋。换做大王您，如果有臣子在我的处境，您愿意他背弃您的意愿吗？"楚庄王听了解扬的话，叹了口气，将他放回晋国。

华元听了解扬喊话，以为晋军真的会来救援，守城之心愈加坚定。宋国和楚军相持了9个多月，晋军迟迟不来，而睢阳城中粮草殆尽，很多人饿死街头。华元忠于职守，宋人也欲拼死守城，甚至易子相食。

楚庄王在楼车上看都城内这番惨状，认为宋人意志坚定，而此时楚军也只剩下几天的粮草，遂萌生了退兵之意。

申无畏之子申犀听说楚庄王有撤兵回国的打算，与宋国有杀父之仇的他拦住了楚庄王的车马，痛哭流涕请庄王不要忘了自己对其父的承诺。楚庄王两下为难，也没了计策。军中有人建议，不如让士兵在睢阳城外盖房开田地，向宋人展示楚军有在此长期驻军的打算，拖垮宋的意志。

楚庄王下令即刻按计施行。华元无奈，连夜潜入楚军大营，趁黑摸到楚军主帅公子侧的营帐内，挟持了公子侧。华元告诉了他睢阳城内的惨状，说如果楚国愿意退兵30里，保全宋国社稷，则宋国愿归附楚国，他自己也可以留质于楚。公子侧只好先答应下来，第二天把这事报告给了楚庄王。楚庄王先是大怒，但是考虑到双方的境地，他接受了华元的条件。楚军真的退兵30里，与宋国停战，并且双方保证不再互相欺瞒，而华元作为这项和约的人质到楚国居住。

【中国历史知识小词典】

楼车》》

楼车是古代战车的一种，也叫巢车。因其在车上设有望楼，可用来登高观察敌情，望楼高悬于车上，远观状如鸟巢，故得名巢车。但也有资料显示，楼车与巢车并不等同，前者较后者在设计上更为复杂和完备。楼车车体为木质，底部有四个轮子，便于行进；车体上的望楼由望竿与转轴相连，并以绳索将其牢牢固定在车上，绳索下端用带环的铁橛嵌入地下，车上有辘轳来升降望楼。据说后来出现的云梯就是在楼车的基础上发明的。

中国通史经典故事

郤克使齐 ▶▶▶

№ 062

郤克是晋文公即位初，那位与吕省合谋加害晋文公的晋大夫郤芮的孙子。郤克在其父郤 缺执政时就已经在晋国位列朝臣，之后的邲之战他更是表现抢眼，回国后得到晋景公的提拔。 邲之战后，晋国声威下降，东方的齐国也蠢蠢欲动。为了稳住齐国，公元前 592 年，郤克奉命出使齐国。齐顷公为博母亲萧太后高兴，拿跛足的郤克作笑料逗母亲开心，郤克深受其辱，锐意伐齐。

邲之战后，晋国的内政外交发生了很大变化。内政上，在邲之战轻敌索战被记大过的先縠回国后，整日忧心忡忡，唯恐朝不保夕。为了保命，他联合戎狄内外勾结攻打晋国。阴谋败露后，晋景公大为光火，一气之下将先氏一门灭族，先氏自此在晋国政坛消失，同时郤克被提升为上军将。公元前 594 年前后，中军元帅荀林父消灭作乱的潞国，希望借此弥补邲之战作战不利的罪

🔴 春秋晚期 龙首流盉

过，随后交出大权，宣布退出。郤克又进一步升为中军佐，直接辅佐晋国最高执政官士会执政。

赵盾、郤缺死后，晋国政坛格局掀起一场大的变革，原先赵、郤、先三家主政的局面分崩离析，荀林父、士会的上台，使得荀氏（后分化出中行氏、智氏）、范氏（士会曾封于范邑，又称范氏）成为晋国众卿中的新势力。郤克与赵盾之子赵朔作为昔日贵族的后起之秀，预感到晋国各卿大夫之间的矛盾以及家族危机的加重，二人放低姿态，积极向当权派靠拢。邲之战时，郤克主动向士会提出防患于未然的建议，士会遂下令在敖山设下伏兵，为晋军保留了一支有生力量。先縠的被杀，先氏遭灭族为郤克和赵朔敲响了警钟。郤克凭借自己的力量团结起整个家族，而赵朔则没能保住赵氏一族，为后来赵同、赵括在各卿大夫之间的相互倾轧下被灭门留下隐患。

彼时晋国的外部局势也让人堪忧，先是邲之战的大败，接着救郑不及，后来又援宋失信。内外交困的晋国面对楚国

【中国历史知识小词典】

郤克之父郤缺

郤克的祖父郤芮曾与吕省共同谋划了反对晋文公的叛乱，后被杀。郤芮的这一行径直接影响到了他的儿子郤缺的政治生涯，郤缺因罪臣之子的身份不得入朝为官，只好在翼（今山西河津东北）这个地方耕田种地，后来经晋大夫胥臣的引荐，郤缺得到晋文公的赏识，得以施展才华。

强势，不得不隐忍退让，此时，原本依附于晋国的各诸侯国也纷纷见风使舵，掉头背晋向楚。

作为欢喜冤家的秦晋两国，自崤之战后双方关系更是雪上加霜。后来的彭衙之战，再之后赵盾背秦弃公子雍而立夷皋，并夜袭秦军，这一连串的争斗，让所谓的"秦晋之好"名存实亡。秦国干脆与楚国联合，对付晋国。公元前594年，秦国再度与晋军交战，晋令狐文子魏颗打败秦军，为晋国挽回一点面子。

与此同时，齐国也蠢蠢欲动。年轻的齐顷公，因几次战功，萌生了再复齐桓公霸业的梦想。齐国的动向让晋景公、士会、郤克焦虑不安，公元前592年，为了稳定和拉拢齐国，郤克奉命前往临淄。

郤克在前往齐国的路上遇到同往临淄的鲁国季孙行父、卫国使臣孙良夫，三人结伴而行。郤克本来就驼背跛足，季孙行父是个瘸腿，孙良夫则是一个独眼的瞎子。齐顷公看到这样三个人一同站在自己面前，暗暗发笑。

正好他的母亲萧太后因丈夫去世一直郁郁寡欢，很少开颜。齐顷公觉得这三个人若被母亲看见，也许会博她欢颜。于是借着宴请使臣之机，安排三个与郤克等人各自身体有同样残疾的人背着三位使臣相继进入朝堂。躲在暗处的萧太后看到这番景象，果然开怀大笑，声音不绝于耳。郤克等人四下观望，发现了萧太后，深感其辱。好强自尊的郤克愤怒地说："此仇不报，我今生不过黄河。"他愤然离席，提前回国。

郤克回国后，一直为在齐国受辱一事闷闷不乐。他多次向晋景公提议讨伐齐国，都被晋景公以时机未到拒绝。郤克咽不下这口气，刚烈耿直的他甚至提出带着自己郤氏族人单独去挑战齐国。士会看在眼里，急在心上，他清楚郤克的秉性，私下跟自己的儿子说："如果郤克的满腔怒火发泄到齐国身上，那真是再好不过；如果一直压抑着，最终爆发在晋国，那晋国就要不得安宁了。"经过一番考虑，士会决心让出己位，将郤克扶上晋国政坛的头把交椅。

● 春秋车马坑

中国通史经典故事

晋齐鞍之战 ▶▶▶

№ 063

士会退役后，郤克开始执掌晋国大权，他一面加紧对齐国的外交，另一面也密切关注着对头楚国的动静。公元前591年，楚庄王去世，其子熊审即位，是为楚共王。新君初立，楚国一时半会构不成对晋国的威胁，郤克抓住这个机会开始对齐国的进攻。公元前589年春，齐顷公发兵攻鲁，卫国出手相救，为齐军所败，卫国向晋国求救，郤克借此开始他对齐国的复仇。

为了等到报复齐国的机会，郤克一直隐忍不发。公元前589年，齐顷公自己把这个机会给了郤克。

公元前589年春，齐顷公攻打鲁国。他的宠臣卢蒲在攻打鲁国龙城（今山东泰安、宁阳交界处）时被鲁国人活捉，齐顷公请求鲁国放了卢蒲，鲁国不答应，不但杀了卢蒲，还把他的尸首挂在城墙之上。此举彻底激怒了

"鞍之战古战场"。晋、齐鞍之战发生在周定王十八年（公元前589年）春，齐国乘晋国霸业中衰之际，出兵南下攻打鲁国，继而击败卫国援鲁之军。

齐顷公，齐顷公亲自擂鼓作战，全军将士士气高涨，很快攻破城池。齐顷公仍不解气，命齐军继续南进，一直打到鲁国巢丘（今山东宁阳东庄一带）。

四月份，鲁国的兄弟国卫国出兵相救，在半路遭遇齐军，卫军战败。卫国大夫石稷假称援军即到，齐国不明真假，未加追击，卫军全身而退。曾与郤克在齐国遭受同样耻辱的卫大夫孙良夫也极力游说卫侯，希望继续攻打齐国。卫侯决意联手晋国，遂遣孙良夫往晋国求援，这时鲁国也向晋国派来了求救使臣。晋国经过郤克上台后的一段整治，国内局势稳定，老对头楚国庄王刚去世，新主年幼，晋景公认为伐齐时机已到，决定出兵伐齐。晋国大军由绛城出发，郤克亲自挂帅，上军佐士会之子士燮、下军将栾书辅之，除了晋国自己的军队，一些骁勇

春秋时期文物编钟

善战的狄人也组成了步兵加入到了伐齐的大军行列。晋国大军顺利开拔，浩浩荡荡开往齐国境内，主帅郤克更是意气风发、踌躇满志，他终有机会一雪前耻了。大部队上路不久，晋军队伍里发生了一件事。司马韩厥要处死一名将官，郤克急忙赶去想救下那名军官，但赶去时死刑已经执行了，郤克转而命令将死者尸体在军中示众。作为掌管三军将士的最高指挥官，郤克心里清楚大战在即，全军上下团结一心才是关键。当年鞌之战将帅不和导致的惨败他仍历历在目，于是他又站出来主动分担了韩厥在军中承受的压力。这一做法，既维护了韩厥的执法尊严，也安抚了众将士浮乱之心。

晋军一路疾行，迅速跨过太行山向东推进，进入齐国腹地。同年夏，晋军与齐军大部队直接对阵于靡笄山（今山东历城附近）。齐顷公信心满满要与晋国真刀实枪地打场硬仗，并先向郤克下了战书，郤克与他约定次日再战。

第二天清晨，齐顷公自己顾不得吃早饭，也号令全军将士："众将士与寡人先行与晋军来场大战，再回来吃饭！"齐军将士们一看齐侯冲锋在前，也只好跟着冲向敌军。齐顷公自恃其勇，目无晋人，先行驱车闯入晋军阵营。齐军弓箭手们跟着万箭齐发，晋军死伤无数。数名大将也为箭所伤，郤克正击鼓进军，一支流矢飞来，正中其足，不一会儿鲜血流了一车。跟在他左右的两员大将一面奋力护帅，一面勉励郤克："主帅是三军耳目，只要伤不致死，我们众将士会与您同进退，与齐军拼死一战！"郤克以目相视，大家相互鼓励，冒着齐军箭阵挥戈前进。晋军将士见主帅身先士卒，带伤作战，顿时士气大振，争相奋勇杀敌，以排山倒海之势直逼齐军阵营。齐军一看大势不妙，抵挡不住，纷纷溃逃。

韩厥见郤克伤势严重，自己率兵去追赶齐顷公。齐顷公被追得团团转，走投无路之下，大夫逢丑父情急之中提议与齐顷公互换行头，假扮齐侯迷惑晋军。齐顷公以其计，脱了衣服给逢丑父。果然，韩厥追至，见身着锦袍之人，信以为真，将逢丑父以为齐侯施以大礼。逢丑父借口口渴，让齐侯前去取水，使齐顷公径自逃去，从而躲过一劫。

【中国历史知识小词典】

华不注山 >>

华不注山位于山东济南市郊东北，素以奇秀著称，"横看成岭侧成峰，远近高低各不同"堪与庐山相比。北魏郦道元曾在《水经注》中描绘道："单椒秀泽，不连丘陵以自高；虎牙桀立，孤峰特拔以刺天。青崖翠发，望月点黛。"李白也曾赋诗称赞它的美丽景致："兹山何峻秀，绿翠如芙蓉"。鞌之战中，齐顷公被韩厥追击，绕着华不注山跑了三圈，最后还是没跑掉。

晋国迁都 ▶▶▶

No. 064

鞍之战齐军大败，齐顷公在逢丑父的帮助下逃回临淄。晋军乘胜追击，攻至马陉（今山东青州市）。齐顷公终于撑不住，向郤克称败求和。晋国向齐国开出苛刻的谈和条件，齐国誓死不同意。郤克妥协，接受了齐国求和。公元前 585 年，晋景公因为国内诸卿势力强大，决心迁都至外地，以理清盘根错节的士卿关系。韩厥力排众议，在他的建议下，晋景公决定迁都至新田。

齐顷公被晋军打得再无还手之力，于是派遣正卿国武子带上赔罪之礼前往晋营。郤克余怒未消，面对齐顷公的主动求和，毫不客气地提出两条苛刻的谈判条件。第一，要齐顷公把自己的母亲萧太后送到晋国作人质；第二，要齐国把境内的田垄路沟全改成东西走向，方便日后晋国大军随时开到齐国土地上。虽然是战败国，但齐国仍有自己的尊严，对此国武子分别给予了强烈反驳：第一，萧太后是齐顷公的母亲。齐晋同为诸侯，齐国太后相当于晋国的国母，让国母做人质，这是大逆不孝。第二，田垄路沟的走向要根据实际情况而定，如果晋国坚持这两个条件不松口，国武子说："我们国君也有指示，晋国的要求如若过分，我们只能选择血战到底！"

卫国与鲁国也对此提出了异议，郤克心想既然齐国也认错了，两国之间不能彻底翻脸。于是接受了齐国的礼物，率鲁、卫、齐在齐国的爰娄（今山东临淄）结盟，归还鲁国土地，齐军班师回朝。公元前 588 年，齐顷公亲自赴晋国与晋国君臣会面。从此晋齐相安无事，持续了二十多年。

鞍之战结束，晋景公决定扩大晋国军队编制，将三军六卿扩为六军十二卿，即在原来的六卿基础之上再添三支新军，以此褒奖鞍之战中的有功之臣。三军司马韩厥因为作战英勇、表现卓越，被评选为新军六卿之首，正式进入卿士行列。随着晋景公政治资历增长，晋国卿族势力的强大，让他倍感压力。晋景公对强族的

🔴 国武子以萧太后相当于晋国国母为由，驳回郤克要求。

信赖大打折扣，尤其是对权高位重的赵氏。赵氏本为嬴姓，与晋国诸多姬姓君臣本就有点隔阂。赵盾当政后，姬姓势头被压制；但赵盾一死，矛盾迅速暴露。后赵朔去世，其遗孀庄姬与赵婴齐私通。

公元前 587 年，赵婴齐与庄姬私通之事东窗事发，他的两位同胞兄弟借机将赵婴齐逐出晋国。之后，赵同、赵括当家做主，成为赵氏的顶梁柱。但这二人强横霸道，反而使得赵氏与姬姓的矛盾大大激化；与此同时，栾氏、荀氏等卿大夫也纷纷利用职权便利，发展各自势力。晋国朝中只有韩厥如同世外之人，对权臣的拉帮结派视若罔闻，晋景公看在眼里，对不参与卿族内讧的韩厥颇有好感。

公元前 585 年春，晋景公召集群臣商议迁都。为了不激化晋公室与卿大夫之间的矛盾，晋景公分封各卿，以利用他们拱卫晋公室。另外，他还想通过迁都，离开赵氏势力盘踞的绛城（今山西翼城县东南）；但新都选址何处，引起很大争议。多数人提议迁往盐业发达、土

春秋时代晚期狩猎纹豆，身高214厘米，直径185厘米，嘴重量2.22公斤。这是一种食品容器，最早是用木头做的。

地肥沃的郇（通荀，为荀氏封地，在今山西运城解池西北）、瑕（今解池南，同为荀氏封地），认为这里易于积累财富，没有任何物资匮乏的担忧。

自幼与赵氏兄弟一块长大，被赵衰视为己出的韩厥深知诸姬姓大臣的意图，他向晋景公建议，国都过于依赖财富之地，则卿大夫可能会滥用职权谋取私利，而人民也会因此贪求物欲。如果是作为一个普通的城市自然无可厚非，但作为一国之都，则可能会形成重财、重利、重奢侈的民风士风。一国之都如此，如果全国上行下效，则晋国富者更富、贫者益贫，人们为了保护一己私利相互争夺而罔顾国家利益。在朝中则更会演化成卿大夫与公室之间的相互倾轧，导致内部矛盾日益加重，危害国家。

韩厥一番入木三分的分析陈述，让晋景公大加赞赏，他同意了迁都新田。

【 中国历史知识小词典 】

韩氏

韩厥，姬姓，韩氏，晋国公族，属于曲沃一宗。据史书载，曲沃桓叔生公子万，封于韩原（今山西河津），立韩氏，是为韩武子。韩武子坚决拥护晋献公的政权，因而此韩氏在献公灭公族时没有受到波及。后韩简也积极维护叔公、晋惠公政权，当年秦晋两国的韩原之战就发生在韩氏的封地之上。晋文公即位后，因与韩氏有隔阂而疏远韩氏。韩厥幼年时家道衰落被赵衰收养，起初为赵氏家臣，春秋中期他因战功成为正卿，并继邻克之后执政晋国，成为后来韩国的先祖。

五大夫乱晋 ▶▶▶

№ 065

晋国霸业稳固，然而晋襄公一死，赵衰、狐偃、先轸等谋臣智士相继而去，晋国政权落入了赵盾为首的赵氏一族手中。晋灵公不满赵盾专权，结果被赵穿杀死。晋成公即位后，灵公的旧臣屠岸贾借口追究晋灵公之死，唆使晋成公迁罪赵氏。屠岸贾灭了赵氏赵同、赵括两大支族，赵盾之子赵朔去世较早，他的妻子庄姬生下儿子赵武。为护幼主，赵氏家臣公孙杵臼和程婴作出了很大牺牲。

中国通史经典故事

公元前 621 年，晋襄公病危，他临终托孤，请赵盾等辅助世子夷皋顺利即位。赵盾并不赞成立年幼的夷皋为君，但晋襄公临终所言他不好劝阻，所以晋襄公死后，他即与众臣商议，希望迎身在秦国的公子雍即位。

狐偃之子狐射姑则提议立公子乐，姬乐当时在陈国。狐射姑认为秦国与晋国有怨隙，而陈国向来亲近晋国，如果从陈国迎回将来的君主，必定加深晋、陈两国关系。赵盾与狐射姑各执己见，因而结怨。赵盾派大夫先蔑往秦国迎公子雍，狐射姑也派人往陈国迎回公子乐。赵

🔸 春秋时期攻击机械弩

盾得知狐射姑计划后，派人伏于半途，杀了公子乐。狐射姑因公子乐之死愈加怨恨赵盾，随即又派人暗入赵盾的支持者阳处父的家里，行刺了阳处父。作为朝中的两位重臣，赵盾与狐射姑的矛盾愈演愈烈，使得晋国群臣人人自危。

与此同时，世子夷皋的母亲穆嬴也日日抱着年幼的儿子在朝堂上痛哭不已。彼时朝中支持晋襄公遗嘱，欲立夷皋为君的呼声也不少，晋国人也对穆嬴母子心有同情，而归咎于赵盾，赵盾因此压力重重。为了不致落得民怨沸腾，惹得同僚声讨，赵盾妥协，改立 7 岁的夷皋为君，就在这个时候，先蔑跟随公子雍在秦军的护送下回国在即。

赵盾担心自己失信于秦，引起秦国记恨进而犯晋，遂先下手为强，夜袭秦军。公子雍死于乱战，先蔑耻于赵盾出尔反尔，不愿归晋，留在秦国为秦康公所用。这次交战，秦晋皆有俘获。

晋军先克部下一员猛将蒯得，因为贪功近利，为秦所败。先克本欲按军法将其斩首，众人苦苦哀求，先克向赵盾

"赵氏孤儿"的故事出于《史记》，此图为程婴画像。

请示，按赵盾的意思，免了赨得的死罪，夺了他的田禄，赨得由此记恨于赵盾。

赵盾在晋国权倾一时，集军、政大权于一身。军中箕郑父、士縠、梁益耳诸将因大权旁落而对其多有不满，欲趁着赵盾夜袭秦军，谋划叛乱。先蔑的部下先都因为先蔑为赵盾所欺被迫留秦，也对赵盾心有恨意。这几人加之赨得相互一合计，有了反赵盾的计策。

他们先派人行刺了先克，赵盾闻之，惊而大怒，以迅雷不及掩耳之势，将密谋的五人一一抓捕。赵盾奏明晋灵公，请将五人治罪处死，晋灵公唯赵盾之命是从，准奏。

这件事后，赵盾更巩固了他在晋国的专权。之后，狐射姑与其矛盾升级，狐射姑被迫逃出晋国，投奔翟狄。

晋灵公长大后，嫉恨赵盾所为，欲杀赵盾。赵盾闻讯出逃，后灵公被赵穿所杀。

公元前 607 年，公子黑臀即位，是为晋成公。赵盾继续主持朝政。为表示对赵氏的器重，晋成公还把自己的女儿庄姬嫁给了赵盾的儿子赵朔，

后来，晋灵公的旧臣屠岸贾做了司寇，执掌国家司法大权。他刚一上任，就开始追究杀晋灵公的旧案，并想以此灭掉赵氏家族。于是，三番五次向晋景公进谗，请求诛杀赵氏族人。

公元前 583 年，屠岸贾率兵将赵盾同父异母的兄弟赵同、赵括等赵氏族人满门灭口。危急之下，身怀六甲的庄姬躲入她母亲的宫里。晋景公念及兄妹之情，不让杀庄姬。不久，庄姬生下一个男婴，取名赵武，并将孩子托付给赵家的两个门客——公孙杵臼和程婴。为了搭救赵武，程婴把自己刚刚出生的男婴与赵武调换，为了取信于屠岸贾，他假装索取重金，出卖了朋友公孙杵臼和自己的儿子，保全了赵武的性命。

后来，程婴背负着出卖朋友、残害忠良的骂名，带着赵武来到了深山中隐居。赵武长大成人后，在韩厥等人帮助下，为赵氏昭雪平冤。成为相国后，赵氏土地封邑得以恢复。赵武之后，晋大夫权势扩大，最终导致了三家分晋。

【中国历史知识小词典】

文子祠

　　后世为纪念忠烈千秋的程婴、公孙杵臼，在藏山立庙以祀，庙曰"文子祠"。以赵武的谥号赵文子命名。现存山门、牌楼、戏台、钟鼓楼。碑坊正殿、寝宫、梳洗楼等三十余处遗迹依山而建，雄伟壮观，气势万千。

中国通史经典故事

晋楚鄢陵之战 ▶▶▶

№ 066

邲之战的惨败使得晋国霸权一度走上下坡路，楚国在楚庄王的带领下，继晋文公之后登上春秋霸主之位。然而楚庄王去世，楚国霸主之位顿时黯然失色。晋国虽然战败，但毕竟实力雄厚，在君臣的反省检讨下，他们上下一心谋求东山再起。一面与周边各诸侯国搞好关系，一面密切关注楚国动向。公元前 575 年，晋楚两国在鄢陵展开一场大战，楚共王受伤，楚军战败，晋军全胜。

晋楚两大强国之间的长期争斗不仅让两国各自劳民伤财，也使各小诸侯国饱受战乱之苦。一些有识之士想方设法试图阻止战争，使各国得以休养生息，处在大国夹缝中的宋国更让大夫华元忧心不已。华元入楚为质，结识了楚令尹子重，二人相交颇深。同时他又与晋大夫栾书友善，在华元的斡旋与安排下，楚令尹子重与晋大夫栾书终于肯坐下来共同探讨一下两国的将来。经一番探讨，两国都表示愿意接受华元的倡议，停战修和。

公元前 579 年，晋国大夫士燮与楚国公子罢、许偃在宋都睢阳（今河南商丘）西门外举行了第一次弭兵会盟。当利益摆在面前，仅凭一纸盟约，显然无法遏制它所带来的诱惑。公元前 578 年，晋国联合齐、宋、卫、鲁、郑、曹、邾、滕诸国军队伐秦。晋景公之子，即位两年多的晋厉公率晋国四军（中、上、下、新）与各国联军在麻隧（今陕西省泾阳县北）打败秦军，然后渡泾河，进抵侯丽（今陕西省礼泉县东）而还。麻隧之战后，秦国被迫居于一隅，晋国势力更盛，中原诸国事实上成为晋的附庸。而楚国未能审时度势，在秦国迫切需要帮手之际拉秦国一把，从而失去与晋国争霸的最佳时机，陷入争霸格局的被动境地。

公元前 577 年，郑国仗着晋国撑腰，攻打楚国的属国许，反被许国打败。郑成公不甘失败，再度攻许，许国被迫向郑请和。楚国未能保护自己的属国，这让楚共王脸上

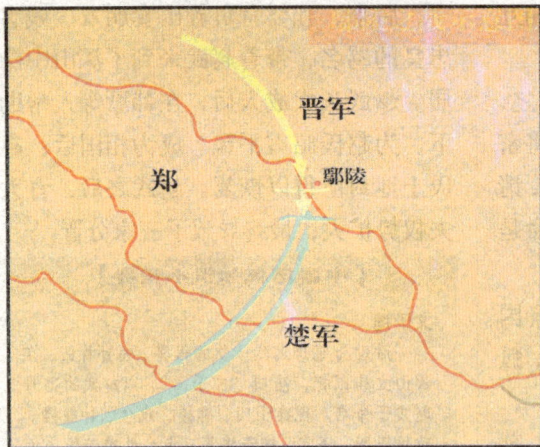

🔴 鄢陵之战示意图

（图中文字：晋军、郑、鄢陵、楚军）

中国通史经典故事

着实无光。公元前 576 年，楚国伐郑，先夺了郑的暴隧（今河南省原阳县西），接着又进攻卫国，至首止（今河南省睢县东）。晋中军将栾书得知楚郑交战，意图报复楚国，被韩厥拦住。同年，楚共王按照许灵公的要求，"迁许于叶"（今河南省叶县南），许国从此成为楚国附庸，其旧地为郑国所有。

公元前 575 年春，楚国为了笼络郑国，与郑讲和。同年夏，郑国又跑去攻打晋国的忠实盟友宋。双方先后在汋陂（今河南省商丘市、宁陵县之间）、汋陵（今河南省宁陵县南）两度交手，郑国一败再败。与此同时，晋国也没有袖手旁观，一方面出动四军，一方面派人前往卫国、齐国、鲁国游说协同作战，准备共同伐郑。郑成公闯了大祸，赶紧向楚国搬救兵。楚国派出司马子反、令尹

春秋中期晋国子犯龢钟八件之一

子重、右尹子革统领的三军，会同蛮军，与晋军战于郑地鄢陵。

就在晋军开往鄢陵途中，其他各国军队尚未赶来时，楚军抓住大雾天气接近晋军布兵排阵，想抢占战场上的主动权。晋军主帅栾书想要坚守以待；而新军统帅郤至则认为楚军主帅子犯和子重关系不和、楚军亲兵良莠不齐、郑军队列不整、蛮军不懂阵法等弱点，可迎面出击，逐个击破。

晋厉公和栾书采纳了郤至的建议，改变原有坚守待援的阵势，率先攻击楚军薄弱的左右军。楚共王企图击败晋厉公所在的中军，结果遭到晋军顽强抵抗，他本人还被晋将魏锜用箭射伤。楚王受伤的消息很快传开，楚军人心浮动，晋军趁势加紧攻势。这场战斗持续整整一天，从清晨一直打到黄昏，楚军损失惨重，公子茂被俘。楚共王无奈，只得宣布次日再战。晋军借机厉兵秣马，楚王于是召公子侧商议对策。公子侧因为醉酒不能议事，楚共王遂下令撤兵。

鄢陵之战，是晋楚争霸中第三次，也是最后一次两国主力会战。虽然以晋胜楚败告终，晋国借此也得以重整霸业，但其对中原诸侯的控制力明显减弱，而楚国问鼎中原的势头则更是由此走向颓势。

【中国历史知识小词典】

弭兵会盟

公元前 546 年，在宋国大夫向戌的积极斡旋下，晋国、楚国、齐国、秦国、鲁国、卫国、陈国、蔡国、郑国、许国、宋国、邾国、滕国等国在宋国的西门之外再次结盟订约，为春秋史上第二次弭兵会盟。这次弭兵之盟在很紧张的气氛之中结束，会盟约定晋楚两国的附庸国都需要向对方缴贡（齐、秦作为盟国除外）。会盟虽然暂时中止了战争，但这些小国家却因此受到晋楚严重的盘剥。公元前 545 年，齐、陈、蔡、燕、杞、胡、沈、白狄投靠晋国，同样，鲁、宋、陈、郑、许投靠楚国。

中国通史经典故事

七国伐郑 ▶▶▶

№ 067

鄢陵之战大胜楚军之后，晋军乘胜追击进攻与楚相亲的郑、陈、蔡三国，被郑军打败。之后，郑国再生事端，又趁虚入侵晋国南部的虚、滑两地。卫国派兵驱逐郑军，并进入郑国境内。因为担心晋国联合诸侯攻打自己，郑国向楚国求援，楚共王随即遣兵助郑。这时，晋厉公对反复无常的郑国也没再心软，他毫不犹豫地发动宋、齐、卫、鲁、曹、邾六国联合攻郑。

楚共工在鄢陵一战被晋军打败，心里很是憋屈。公子侧作为统军元帅却在大敌当前之际，喝得酒醉不省人事，让本来心情就不好的楚共王更是火上浇油。楚共王问责公子侧，公子侧无言以对，在楚军撤退中途，公子侧引咎自杀身死。

公元前575年，晋国军队在郑地鄢陵重创楚师之后，没有急于班师回国，而乘胜率诸侯联军又教训了追随于楚的郑、陈、蔡三国，结果被郑军打败。郑国有了这次打败晋军的功底，胆气十足。同年年底，郑成公竟想着打晋国的主意，并付诸实际行动，派郑大夫子驷领兵进攻晋国南部的虚、滑（均在今河南偃师境）

二地。晋国忠实跟班卫国决心帮晋国出口恶气，卫献公即命大夫北宫括率军攻郑，以支援晋国。卫军入郑，一直打到郑国西南的高氏（今河南禹州西）后撤兵。

公元前574年，郑国有种强烈的不祥预感，因为它的屡生事端、对外征伐，已经大大得罪了倡导诸侯和平相处的晋国，更何况它还有着太岁头上动土的前科，再想厚着脸皮与晋国和好似乎是没有可能了，与其卑躬屈膝，不如暂时

🐉 春秋晚期·蟠龙纹盘。高11.5厘米，直径43厘米。

春秋郑韩故城郑国祭祀遗迹,1997年出土于河南新郑。

国得楚相助,楚军有所准备,又鉴于诸侯军队劳师远出时日已久,士卒疲惫,遂仓促撤兵回国;同年冬,晋厉公与周大夫单襄公再合诸侯各军围攻郑都新郑。楚大夫公子申奉命率军渡过汝水北上救郑。诸侯军队无心恋战,遂撤兵回国。

与其翻脸,先一心投靠楚国。虽然楚国鄢陵之战栽了跟头,但它地大物博,霸主风光犹在,背靠楚国这座大山也不失为好计策。为了防备晋与诸侯军队报复,郑成公送太子髡顽、大夫侯獳入楚为质,以求楚国帮忙。

楚国鄢陵之战大辱在前,不想在郑国的求助问题上畏畏缩缩,失了大国气度,楚共王随即遣大夫公子成、公子寅率军北上协助郑国,做好抵挡晋国以及诸侯联军的防御准备。不久,为制服反复无常的郑国,晋厉公果然与周使尹武公、单襄公联合齐、宋、卫、鲁、曹、邾六国国君领兵攻入郑国,经郑西北部的戏童(今河南巩义东南)进至郑南部的曲洧(今河南扶沟西南)。

楚令尹子重奉楚王之命急率大军北上救郑,进抵曲洧东北的首止(又作首戴,今河南睢县东南),试图在此攻击诸侯军队后方,截断其退路。晋厉公见郑

鄢陵之战晋国全胜楚军,可以说雪了邲之战失利的前耻,楚国势头低落,晋国由弱转强,得以再度威震诸侯,成为晋国霸业复兴的开始。

公元前573年,晋厉公去世,晋悼公即位。晋悼公在位期间,志在恢复文公霸业,他深谋远虑,提出了"伐郑疲楚""围宋疲楚"的策略。同时多次与诸侯会盟,积极拉拢晋的盟国,采取魏绛的和戎政策,与戎狄修好,解除了晋国后院起火之忧;另一面他又接受了从楚国逃来的屈巫建议,遣使往南方新起之秀的吴国修好结盟,意图借助吴国为跳板,牵制一旁强大的楚国。

这个策略取得了一石三鸟的效果,其一镇服了宋国,其二让郑国更安心事楚,其三遏制了强楚北上远攻,使楚国有了吴国后顾之忧。晋国霸权从此走上中兴之路。

诸侯攻齐 ▶ ▶ ▶

No 068

鄢陵之战以来，一直不安分守己的郑国终于安心向楚。晋悼公即位后蓄意复霸，公元前571年，晋在虎牢（今河南汜水）筑城威慑郑国。郑国迫于晋国强势，又倒向晋国。彼时势均力敌的晋楚两国都因频繁征战，军疲民乏而呈现弱势，晋国在晋悼公治理下能略占优势，争取到郑国，是晋悼公复霸最大成效之一。公元前555年，齐国再生事端攻入鲁国。晋国出兵援鲁，大败齐军而返。

晋悼公收服郑国以后，楚国未能一如从前出兵救郑。郑国向晋，预示着晋悼公复霸成功，但此时的晋国早已不能与晋文公时期的霸业相提并论。此后，两大强国终于不再剑拔弩张，诸侯间大的战争暂告平息。由于这一时期各国公室势力在日渐强大的卿大夫势力倾轧下，开始走向下坡路，春秋时代的历史逐渐发展到了一个新的阶段，中原争霸至此接近尾声。

晋悼公是晋襄公幼子桓叔捷之孙，姓姬名周，又作纠。他在位期间勤修内政、

🌸 漆工艺兴盛于春秋战国时代，而这时的漆器，无论就数量还是就工艺水平和艺术价值而论，以楚国漆器为最。

加强外盟，即位之初一改晋景公、晋厉公打击强大卿族的做法，而灵活运用政治手腕平息了晋国众卿之乱。公元前574年，晋厉公为巩固君权杀掉郤至、郤锜、郤犨，结果次年就被害怕受到"三郤"株连的栾书、中行偃杀害。之后，栾书、中行偃将远在洛邑的姬周迎回晋国。

晋悼公深知晋国公室弱而众卿强，他采取了相对温和的策略整顿内政。即位伊始，他先收回栾书中军主帅的大权，以韩厥代其位，让栾书告老回乡。为了表示对这个拥立自己为君的三朝老臣的安抚，又任用栾书嫡长子入朝为官。他还大胆地提拔起用了一批新兴贵胄，如魏绛、赵武、智罃等，借以制衡长期掌控晋国政权的栾氏、中行氏等大的士卿贵族。

晋悼公在他即位后的短暂时间里将晋国混乱的朝政梳理得井井有条，稳定了国内。经过一番励精图治，晋悼公联宋纳吴，九合诸侯，将晋国霸业推至巅峰。然而天妒英才，公元前558年，不到30岁的晋悼公突然病重，很快撒手人寰。晋国复霸如昙花一现，随着晋悼公

的离去逐渐凋落。

悼公离世，晋平公即位。公元前555年，齐灵公废黜世子光，另立宠姬之子公子牙为储君，引起世子光的舅家鲁国前来问罪。齐灵公恐鲁国助光夺位，遂出兵攻鲁。鲁襄公派人往晋国求救，晋平公命大将中行偃合诸侯之兵伐齐。这年秋，晋军东渡黄河，与宋、鲁、卫、郑、曹、莒、邾、腾、薛、杞、小邾等11国军队会师于鲁国境内的济水南岸，继而开进齐境。齐灵公闻讯，亲率大军应敌，在平阴（今山东平邑）驻扎下来。

因为担心晋军突袭，齐灵公派人在平阴城外挖了几条壕堑作为防御工事，并派精兵把守。一名叫夙沙卫的人劝他说："晋国和它的盟友貌合神离，我们可出其不意实施突袭，这样胜算或许更大。如果您决意坚守，臣以为也该选择险要之地，仅靠几条壕堑怎能阻挡敌人的进攻呢？"齐灵公毫不在意地说："我们有这样的壕堑，还怕敌人飞过来不成？"

中行偃决心用计诱使齐军出战，他安排主力部队进攻平阴，使鲁、卫、邾、莒四国军队深入齐国腹地，并与各路军队约定在临淄城下会师。各路人马安排

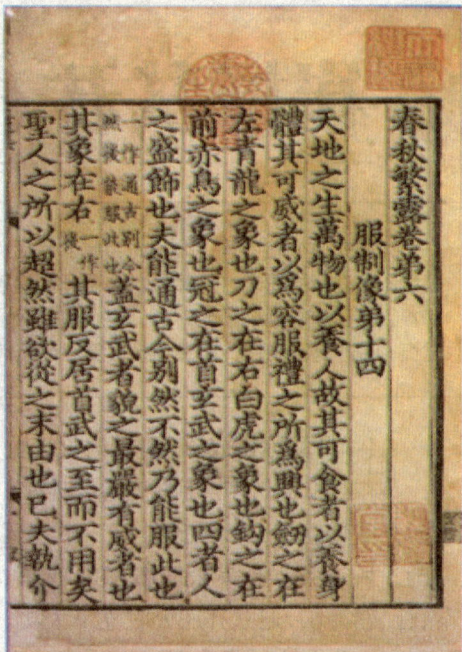

春秋繁露十七卷，汉董仲舒撰。

妥当，中行偃又派人在一些险要地段虚设旗帜，用稻草人扮作士兵立于空车之上，使人驾车拖曳树枝在山谷之间往来奔驰，一时间车行木动，扬尘遮天蔽日。齐军看到这幅景象以为晋军人马不计其数，心下不禁慌乱。中行偃亲率大军，从左、中、右三个方向进攻平阴城。又命士卒每人随身携带木石，战车上也装上木石，专门用来填齐军的沟堑。晋军将士生龙活虎般一跃而上，杀入齐军大营。齐军阻挡不住，损失大半。齐灵公得知平阴告急，登上平阴东北的巫山（今山东肥城西北）瞭望敌军，只见山泽险要之地旗帜飘扬，车马奔驰，顿时脸色大变，随即下令撤兵，逃回临淄。

【中国历史知识小词典】

三郤

　　三郤是春秋中期晋国出现的一个权臣集团，主要由郤锜、郤犨、郤至三人构建。郤克死后，嫡长子郤锜继承大宗，郤锜与堂弟郤至、堂叔郤犨位列正卿，郤氏权倾一时。因三人皆出自郤氏，故人称"三郤"。三人曾有才干，为政要职，且关系密切协调，可谓同生共死，不过也因为这个原因，三郤成为晋国其他卿士大族打击的对象。

崔杼弑君 ▶▶▶

№ 069

齐国齐灵公有二子，公子光为鲁女之后，先被立为世子。公子牙为齐灵公宠姬所生，齐灵公经不住宠姬的请求，打算另立公子牙为储君，并将公子光迁往别处。公元前 554 年，齐灵公病重，大臣崔杼迎公子光即位，是为齐庄公。后齐庄公因与崔杼之妻有染，被崔杼察觉；碍于君面，崔杼有苦难言，一直伺机报复。公元前 548 年，崔杼设计杀死齐庄公。

崔杼又称崔成子，春秋时期齐国大夫。他早年受齐惠公宠信，后为齐国贵族高氏、国氏排挤，出奔至卫国，后返齐。齐灵公时曾随军伐郑、秦、鲁、莒等国，迎立齐庄公时立下大功。

齐灵公在位时娶鲁国之女为妻，生下儿子光，立为世子。后又娶仲姬、戎姬，戎姬受宠，仲姬生儿子名叫牙，托付给戎姬抚养。戎姬请求立牙为世子，灵公答应了。仲姬劝灵公说："天下诸侯都知道光是齐国世子，如果无故废黜，不

仅会让天下诸侯对您议论纷纷，只怕还会给日后留下祸端。"灵公一意孤行，并把公子光迁往东部，让高厚辅佐牙为世子。齐灵公病重之际，仍不愿恢复公子光的储君之位，大夫崔杼、庆封等私下将公子光迎回临淄。齐灵公过世后，世子光即位，是为齐庄公。齐庄公登上君位，立即杀了公子牙，不久，公子牙的老师高厚也死于崔杼手下。

晋国听闻齐国发生内乱，欲出兵伐齐。众卿中有人提出异议，认为齐灵公去世，齐国新丧，此时伐齐不义。晋平公认为有理，即下令暂停出兵。齐国大夫晏婴听说晋国暂不伐齐，感于晋国仁义，向齐庄公提议主动与晋国议和。齐庄公考虑自己刚刚即位，不敢得罪晋国，遂遣人往晋国请和，晋平公随即与诸侯在澶渊会合，与齐庄公歃血为盟。

这样的安宁日子没有多久，公元前 551 年，晋国大夫栾盈受众卿排挤，被迫叛晋逃亡到齐国，庄公对他厚待有加。晏婴、田文子谏

🔴 春秋蟠龙纹匜鼎，小型温器。山西侯马市出土，山西省博物馆藏。

齐庄公

阻，庄公不听。公元前 550 年，齐庄公将栾盈秘密送入曲沃做齐国内应，准备攻打晋国。栾盈事败，齐庄公转而攻打莒国，莒国慑于齐国之强，向其求和。

自崔杼等拥立齐庄公即位，庄公对他信任有加，甚至常常到崔杼家里做客饮酒作乐，以显示君臣其乐融融。崔杼曾有前妻，生下两个儿子后，很早就过世了。崔杼又娶了东郭偃的妹妹棠姜。棠姜颇有美色，齐庄公在崔杼家里去的次数多了，与棠姜眉来眼去。齐庄公自以为神鬼不觉，但还是被崔杼知道了。崔杼早已厌恶齐庄公淫乱所为，便和庆封商量好借着此事欲谋政变。庄公曾经鞭打宦官贾举，贾举又被任为内侍，崔杼便找他合作，希望寻找机会报复齐庄公。

公元前 548 年，莒国国君带着求和礼物来拜访齐庄公，齐庄公宴请莒君。所有重臣几乎都陪坐在席，唯独崔杼谎称有病没去。齐庄公听说崔杼生病了，心里暗自高兴，以为这是一个接近棠姜的好机会。他借口探望崔杼病情，前往崔杼家里。棠姜中途借故离开，暗中将齐庄公锁在屋内。齐庄公毫不知情，还忘情地抱着柱子唱情歌。

贾举派人把齐庄公手下的亲随挡在大门外，又把齐庄公所在的院子围了个严实。等齐庄公发觉不对劲时，早已成了瓮中之鳖。情急之下，他破窗而出爬上高高的院墙请求和解。众人不答应，齐庄公又请求让他到太庙里当着祖宗的面自缢。大家说："大夫崔杼病重，不能听您的吩咐。我们只奉命捉拿淫乱之徒，别的一概不知。"齐庄公欲跳墙逃跑，被射中大腿，坠入墙内，被众人击杀。晏婴听说后，赶紧赶到崔杼家里，齐庄公已死。晏婴把庄公尸体枕放在自己的大腿上抚尸痛哭，起来后三次顿足以示哀痛，默然走出院子。有人向崔杼提议杀了晏婴，崔杼害怕引起民愤，未敢加害于他。

【中国历史知识小词典】

前齐庄公 >>

齐国历史上有两位齐庄公，吕光被称为后齐庄公，前齐庄公是齐僖公之父、齐桓公的祖父，叫吕购。齐庄公吕购在位期间就兢兢业业，为后来齐桓公称霸诸侯时的强齐打下了基础。

楚灵王争霸 ▶▶▶

№ 070

公元前 560 年楚共王病重去世，次年其子熊昭即位，是为楚康王。楚共王的次子、楚康王之弟熊围早有篡位之心，公元前 545 年冬，楚康王因病去世，其子熊员即位，是为楚郏敖。熊围伺机夺权，终于在楚郏敖四年等来了机会。熊围杀了自己的侄子和两个侄孙，自立为王，他就是那位"楚王好细腰，宫中多饿死"的楚灵王。

楚国到了楚共王后期，其在与晋国争霸的争斗中失去了优势，而渐渐陷入同新兴吴国的长期战争中。

这一时期处在大国夹缝中的郑国自公元前 543 年公子子产执政以来，力行改革，呈现出一派生机。公元前 562 年，忌晋畏楚的郑国又滋事端，出兵伐宋。晋国替宋国出头，郑国畏晋，遂与晋结盟。楚国不答应，意欲伐郑，又恐打不过晋国，就想拉秦国入水。秦国因麻遂之战

🔴 楚灵王看到将士皆弃他而去，长叹："众怒不可犯！"然后孤身一人徒步往郢都的方向而去。

失利，与晋国仇怨更深而亲近楚国，与楚国一拍即合。秦国伐郑大获全胜，郑国立即掉头转向，向楚国服软。晋国得知是楚国从中作梗，盛怒之下，将大军开到郑国境内。楚国不敢与晋国单独交锋，只好让放郑国一马。可是白忙活一阵的秦国不答应了，趁着晋国大军伐郑之际，出兵在晋国后院放了一把火。晋将士鲂由于轻敌，两军在栎地交战，晋军大败。

楚康王元年，即公元前 559 年，晋国联合齐国、郑国、宋国、鲁国以及卫国等诸侯大军，讨伐秦国。多国联军深入秦国境内，渡过泾水，秦人顽强抵抗。这时候楚国本该出手助秦国一臂之力，但由于楚国正与吴国交战，无暇东顾，楚国再次伤了秦国的感情。公元前 557 年，晋平公即位。晋国讨伐楚国，并取得湛阪之役的胜利。楚国比之晋国，其弱势在战场上一览无遗。

楚康王在位十五年，楚晋两国为拉拢诸侯各尽其力，但是正面交锋的时候几乎没有，楚国对中原诸侯的威慑力日

渐式微。公元前 545 年冬，楚康王去世，楚郏敖即位。这位短命的楚君在位没过几年，他以及他的两个儿子就被自己的叔叔熊围杀害。公元前 540 年，熊围自立为王，是为楚灵王。楚灵王好大喜功，公元前 538 年，他派人广发请柬，邀集诸侯到楚国申地（今河南巩义东北）合盟。但楚灵王没能把握好这次会盟机会，他不听大臣伍举建议认真对待各国诸侯，相反态度傲慢、骄纵无礼，因此很不得人心。之后他又率兵攻打吴国，捉住了与崔杼共同谋杀齐庄公，后逃奔吴国的庆封，惹得吴国对他愈加愤恨。

公元前 534 年，陈国因为争位发生内乱。公子招与公子过杀掉世子偃师，立公子留为储君，并发兵围攻陈哀公，逼得哀公自杀。公子招遂立公子留为国君，同时派使者赴告于楚。此时，陈哀公的另一个儿子公子胜也来到楚国，向楚灵王揭发了公子招和公子过弑君的经过。楚灵王觊觎陈国已久，于是杀掉公子招的使者，派楚公子弃疾率师伐陈，一鼓作气灭了陈国，将陈国变成楚国下属的县。公元前 531 年，楚灵王又灭了蔡国。第

春秋"鸟形铜鼎"。通高 15.7 厘米、口长 11.9 厘米、口宽 15.3 厘米，1952 年河北唐山贾各庄出土。

二年，楚灵王伐徐至乾溪（今安徽亳州东南）。由于楚灵王长期在外征战，远离郢都，终于给了欲夺其位之人可乘之机。

公元前 529 年春，正当楚灵王为了取得的成就沾沾自喜，在乾溪悠哉游哉时，他的弟弟公子比杀了楚灵王的儿子自立为工。楚灵王穿着暖和的貂皮大衣欣赏雪景，那些衣衫单薄、身体羸弱的士卒却在雪地里冻得瑟瑟发抖。楚灵王没有丝毫体恤之情，郢都变乱的消息传来，刚刚还意兴盎然的楚灵王一下栽倒在地。随之而来的是公子比号召将士返回郢都的传令，早已厌烦战争的楚军顿时如鸟兽散，留下楚灵王孤家寡人一个。百般无奈之下，他只好一路忍饥挨饿、风餐露宿徒步前往郢都。后来他终于支撑不住，身心俱乏，万念俱灰之下，楚灵王自缢而死。公子比自立为王以后，帮助篡位的陈、蔡两国也得以复国。

【 中国历史知识小词典 】

楚灵王好细腰

有这样一个典故，说楚灵王喜欢腰身纤细的人。据说为了讨好楚王，使自己的腰看起来很细，楚国的士大夫们和妃子宫女们都节食减肥。一时间细腰成为楚国的流行风尚，可是因为不吃饭，很多人饿得头昏眼花。那些士大夫上朝时，坐着时站都站不起来，只能扶着墙壁慢慢起身；那些在马车上的人要站起来，一定要借力于车上的横梁。一些官女甚至生生饿死，这楚灵王好细腰的故事也随之流传下来。

晏子使楚 ▶▶▶

№ 071

齐桓公去世后，齐国由盛及衰，但是齐国衰而不弱，它始终作为一支重要的力量贯穿整个春秋战国时代。春秋末期，齐国出现了一位继管仲之后的历史名相——晏婴。他以有政治远见和外交才能而闻名诸侯，并历任齐灵公、齐庄公、齐景公三朝，辅政长达四十余年。然而，此时的齐国虽然堪称诸侯国中第一富庶之国，却早已没有了齐桓公时的威势。更要命的是，一百多年后，田氏取代了姜氏的政权地位，但仍保留了"齐"的国名，史家称为"田齐"。

中国通史经典故事

楚灵王时期，楚国曾先后出兵灭了陈国和蔡国。当时，晋国的雄风已大不如前，陈、蔡两国前去求救，被晋平公回绝了。在一旁观战的齐国想看看楚国到底有多大实力，于是派出使者晏婴前往楚国，历史上习惯将他称作"晏子"。晏婴深知，这次的出使对齐国来说尤为重要。一方面，他个人代表了整个齐国，不可以在楚国丢了齐国人的脸；另一方面，此行的目的是探楚国的实力，必须仔细观察才可。

骄傲的楚灵王接到齐国使臣要来的消息，便想借机显示楚国的威风。听说晏婴是齐国能言善辩的大臣，名气很大，但却是个矮子，因此想要羞辱晏婴一番。

晏子来到了楚国城外，被守卫的人挡住了。他们不让晏子进去，窃笑着想要为难一下这位据说聪明非凡的齐国使臣。他们指着城门旁边一个小门洞，示意晏子从那里进城。晏婴淡淡一笑，用手指着那个小门大声说道："哎呀，这哪是城门，这分明是个狗洞啊！出使狗国的人才从狗门进去。那好吧，既然贵国请我钻狗洞，那我就从这里入狗国吧。"堂堂楚国竟被讽为狗国，接待的人很快把这件事告诉了楚灵王。楚灵王没料到这个使臣竟然这么厉

🔴 楚国守城的官员拦住了前来出使的晏子，他们没有给晏子打开城门，却指了指城门旁边的一个五尺来高的小门，让晏子从那里进城。

楚灵王想用"齐国人偷盗"使晏子难堪，结果晏子反唇相讥，楚王讨了个没趣儿。

害，一番话说得楚灵王只好派人去打开城门，恭敬地将晏婴迎入郢都。

晏婴入宫拜见楚灵王。楚灵王瞥了一眼晏婴，傲慢地说："难道齐国没有人了吗？怎么会派你做使者？"晏婴没有一点难堪之色，从容地答道："这是什么话？我国首都临淄住满了人。大伙儿把袖子举起来，就是一片云；大伙儿甩一把汗，就是一阵雨；街上的行人肩膀擦着肩膀，脚尖碰着脚跟。大王怎么说齐国没有人呢？"

楚灵王听罢，又问道："既然如此，齐景王为什么要派你这样的人呢？"

晏婴回答说："这个问题我实在不好回答，既然您问了，我不敢不答，就实话实说吧！敝国有个规矩，访问上等的国家，就派上等人去；访问下等的国家，就派下等人去。我属于最不中用的，所以派到这儿来了。"楚灵王听罢，非常尴尬，本欲发作，又自知礼亏，只好以礼善待晏婴。

吃饭的时候，楚灵王命人摆上酒宴，亲自招待晏子。酒至半酣，忽见两名兵士押着一个被捆绑着的男子从殿下经过。楚灵王装作生气的样子斥责道："你们这是在干什么？难道没有看见我这里有贵宾吗？"然后又装作漫不经心地说："他是哪儿的人，犯了什么罪？"

两名兵士慌忙答道："他是齐国人，犯了偷盗罪。"

楚灵王故作惊讶地用眼睛斜睨着晏婴，装出一脸困惑的神态，说："齐国人怎么做这种事呀？"楚灵王以为这样晏子就无言以对了。谁知晏子微微一笑，离席向楚灵王深施一礼，答道："大王，这就像淮南的柑橘到了淮北就成了难吃的枳，齐国人在齐国就能够过得很好，怎么到了楚国就开始偷东西了，我想应该也是水土问题吧。"楚灵王顿时瞠目结舌，无言以对。

【中国历史知识小词典】

楚国礼器

楚国的礼器组合主要有盛牲器（鼎）、食器（簋、簠、豆）、酒器（壶、缶）、盥洗器（盘、匜），其中，豆是用来盛肉和调味品的；簋、簠是用来盛饭的；壶是主要的盛酒器皿。楚人很爱喝酒，所以酒器一直没有从楚国人的餐桌上消失。

中国通史经典故事

齐鲁会盟

№ 072

齐国与鲁国是占据山东半岛的两个国家，两国虽是邻居，但从来不是风平浪静，互为睦邻。鲁国较之齐国，国小兵弱，历史上虽有过长平之战的胜利，但鲁国始终弱于齐国。鲁定公上台后任用孔丘执政，鲁国在孔丘的治理下，国力日渐上升。齐国害怕鲁国强盛威胁自己，公元前500年，齐国邀请鲁定公在夹谷会盟，意图劫持鲁定公，孔丘识破齐国企图，设计粉碎了齐国阴谋。

公元前502年前后，刚年过半百的孔丘被任命为鲁国中都宰，帮助鲁定公治理国家。鲁国在孔子的整顿下，改变了不少。鲁定公很是高兴，很快将孔丘升为小司空，后又升为大司寇，主管鲁国的司法。

齐国看到鲁国蒸蒸日上，不禁担心起来。齐国与鲁国互为近邻，如果鲁国强大势必会造成对齐国的威胁。齐国不少官员都认为如果任由鲁国这样发展下去，一定会成为齐国的后患。这一时期齐国相国晏婴因为年老体衰，正卧病在床，齐国政事由代理相国黎锄主持。黎锄向齐景公建议，不如派人到鲁国请鲁定公在夹谷会盟。表面上是会盟，等鲁定公到了那里，他们会安排士兵扮作野人跳舞助兴，到时趁机劫持鲁定公，迫使他向齐国屈服。

齐国的使臣把齐景公的意思带到，鲁定公和孔丘一商量，认为无论如何也不能让齐国小瞧了鲁国。孔丘向鲁定公说只要我们安排妥当，齐国不敢拿我们怎么样。这次赴会肯定凶多吉少，但必须得去，到时如果齐国当真有所图谋，他会誓死护君。鲁定公被孔丘说服，决定冒险一试。

公元前500年夏，鲁定公和齐景公在夹谷(今山东莱芜)会面，孔子担任傧相，主持誓盟。即将举行盟誓时，齐国人在盟书上加上了这样的话："一旦齐国军队出境作战，鲁国如

🔴 齐鲁会盟台简称会盟台，又名西王台、仙堌堆，位于山东巨野县城以西。现存台高约2.8米，东西宽34米，距今已有两千多年的历史。

果不派三百乘兵车跟随我们，就按此盟誓对其加以惩罚。"孔子不满这样的条款，争辩说："如果你们不归还我们汶水北岸的土地，还要让我们供给齐国所需，也得按盟约惩罚。"齐景公无言以对，只好先答应下来。

仪式结束后，黎钮悄悄对齐景公说："孔丘懂得礼仪，但是没有勇力，待会派夷人用武力劫持鲁侯，一定能够如愿。"齐景公听从了黎钮的话。孔子看到齐国君臣窃窃私语，暗中带着鲁定公往后退，嘱咐他不要慌乱，听他的安排。果然，齐国提议由夷人表演歌舞给大家助兴。这些夷人事实上是齐国安排自己的士兵装扮的，各个威猛高大，很是剽悍。鼓乐响起，夷人按着鼓点跳起了舞。

孔丘借机向站在台下的鲁国兵士高声大喊："快快拿下这些包藏祸心的夷人！齐侯与鲁君友好会见，而夷人俘虏却用武力来捣乱，这不是齐侯命令诸侯会合的本意。华夏以外的人不得图谋中原，夷人不得触犯盟会，武力不能逼迫友好。这样做是对神灵的大不敬，是对德行的伤害，大家赶快拿下这些夷人！"孔丘振振有词的这番话说得齐景公脸色大变，他急忙心虚地命令夷人退下。

会盟完毕，齐景公准备设宴款待鲁

🔵 孔子（前551—前479年）春秋末思想家、政治家、教育家，儒学学派的创始人。因父母曾为生子而祷于尼丘山，故名丘，字仲尼，鲁国陬邑（今山东曲阜东南）人。

定公。孔丘对负责宴席的人说："齐国和鲁国尊奉礼乐之制，您难道都忘了该有的礼制吗？盟会的事既已结束，就没有再设宴款待的必要，不然就是给办事人添麻烦了。再说会盟这样的大事，如果想要事后设宴享礼就必须得遵循祭祀用的神器、祭品不能出国门、钟磬不能在野外合奏的训制。现在这些东西都未备齐却要享礼，就如同用秕稗来款待贵宾，是国君的耻辱。抛弃礼仪则名声不好，享礼是用来发扬德行的，不能发扬德行，那不如不举行。"齐景公说不过孔丘，就放弃了享礼设宴的打算。

孔丘以自己的机智善辩维护了鲁国尊严，这年冬天齐国按照盟约，向鲁国归还了郓邑、瓘邑和龟阴邑的土地。

【中国历史知识小词典】

《春秋》

《春秋》为古代编年体历史著作，儒家经典之一。全书以鲁国十二公为次序，起于鲁隐公元年（公元前722年），迄于鲁哀公十四年（公元前481年），对242年间诸侯政伐、盟会、篡弑及祭祀、灾异、礼俗等，都有记载。

中国通史经典故事

伍子胥出关 ▶▶▶

№ 073

春秋末期，长江下游一个新兴的王国——吴国悄然崛起。晋国为了恢复霸权地位，全力扶持吴国，目的是联合吴国击败楚王国。吴国的军队在晋国的训练下变成了一支训练有素的强大队伍，逐渐成为楚国的威胁。伍子胥受尽磨难，最后终于成为吴国的相国，辅佐吴王阖闾登上霸主之位。

楚灵王死后，蔡公弃疾逼死了弟弟公子比，自己登上了王位，即楚平王。刚登位时，平王还为国家和百姓做些实事，后来却宠信费无极这个专拍马屁的人，把整个国家都给搞乱了。当时秦哀公准备把自己的妹妹孟嬴嫁给楚国的世子建。

🐴 伍子胥，名员，字子胥，春秋时楚国人。出生于楚国贵族家庭，从小受到良好教育，史书称他"少好于文，长习于武"，有"文治邦国，武定天下"之才。

迎亲途中，费无极发现孟嬴长得很漂亮，于是在陪嫁的侍女中另选了一个女子，暗中使用了调包计，把孟嬴献给了平王，而世子建就与这个假冒的孟嬴成婚了。

但是纸包不住火，这件丑事最终还是败露了，费无极又在一旁出馊主意，让平王把世子建废掉。平王叫来了太子建的老师伍奢，让他承认与世子建密谋造反。没想到，正直的伍奢一口回绝了平王，平王生气至极，让人把伍奢关入死牢。

听说伍奢的两个儿子伍尚和伍子胥都有超人的智慧，费无极怕有后患，便让人假冒伍奢写信将两个儿子都骗到郢都，一同杀掉。大儿子伍尚深知此去凶多吉少，但他认为父命不能违，还是去了；次子伍员（伍子胥）识破了平王的阴谋，就连夜出逃。

果然，伍尚一到郢都，父子同被斩首。得知伍子胥出逃，平王命令全国各处关津渡口严加盘查，并下令在各地悬挂榜文和伍子胥的画像捉拿他，对窝藏伍子胥的人，全家处斩。

🔸 陶鬲，春秋淹城器物，高 17.7 厘米，口径 16.9 厘米

伍子胥先是逃到了宋国，跟逃亡到宋国的世子建会合。可是不久宋国就发生了内乱，两人又逃到郑国。结果，世子建在这里被杀害。伍子胥不得不带着世子建的儿子公子胜继续逃亡，最后到了楚国的东部边界——昭关（今安徽含山北）。出了昭关就是吴国，可这时的关卡查得很严。这天，伍子胥带着公子胜，躲在离昭关六十来里远的一片森林里。

眼看着昭关近在咫尺，他却不能通过。伍子胥心焦如焚，忧虑过度竟在一夜之间白了头！也许真是老天助他，伍子胥因此改变了相貌，反而得以蒙混出了昭关，逃到了吴国。

刚到吴国的伍子胥身无分文，穷困潦倒很快沦落为街头的乞丐，后来他遇到了吴国的公子光（即阖闾）。公子光仰慕伍子胥的才能，让他在身边跟随自己，参加重要的密谋会议。

吴国原先是一个非常落后的小国，定都梅里（今江苏锡山）。晋国为了恢复霸权地位，自晋悼公时便瞅准了吴国，并全力扶持吴国，目的是联合吴国击败楚国。他们派人去吴国训练吴国军队，教他们使用战车和各种战术，把吴军变成了一支骁勇善战、训练有素的强大军队。吴国有着这只劲旅，再也不怕强大的楚国。吴国强大起来后，曾多次击退了楚国的东进，楚军抵挡不住勇猛的吴军，在它的东界开始转攻为守，楚国第一次尝到四面受敌的恶果。

公元前 515 年，公子光在伍子胥的辅助下发动政变，刺死了吴王僚，自己坐上了王位，史称"吴王阖闾"。即位后，吴王阖闾任伍子胥为相国。就在这一年，费无极在郢都被愤怒的群众殴毙，家人全部被斩。之后，吴王阖闾在伍子胥的辅佐下，打败了曾盛极一时的楚国，成了春秋历史上另一个重要角色。

攻楚一战，为吴国确立了霸权地位，而经过这次惨痛的打击，后虽复国的楚国，从此一蹶不振，直到为秦所灭。

【中国历史知识小词典】

伍子胥鞭尸 》》

楚平王听信费无极谗言，杀了伍奢和伍尚，伍子胥逃过此劫。公元前 516 年，楚平王去世，孟嬴的儿子熊轸即位为楚昭王。十年后，吴国向楚国发动空前的大规模战争，楚国郢都失陷，楚昭王逃走。伍子胥进入郢都，让手下把楚平王的尸体从坟墓里掘出来，亲自抽打 300 皮鞭。

中国通史经典故事

孔子周游列国 ▶▶▶

№ 074

儒家是春秋时期百家争鸣中出现的一个重要学派，孔子是儒家的创立者。作为思想家、教育家的孔子，学生数以千计，思想成就给后世带来了深远影响；然而，他的政治生涯是失败的，他主张的仁义之政在当时动荡的社会环境下，很难得以施行。后来孔子投身教育事业，他创办私学，提倡有教无类，注重因材施教，培养出了众多有用之才。因此，被儒家学派尊崇为"万世师表"。

公元前 551 年，中国古代思想家之一，儒家学派的创始人孔丘诞生在鲁国。孔丘的父亲孔纥是鲁国出名的勇士，孔纥先娶施氏曜英，生九女而无一子，其妾生了一个儿子叫孟皮，但是个跛脚。后来，孔纥与女子颜徵生下孔子。

孔丘的父亲孔纥去世得早，孔丘是一个遗腹子，在母亲颜徵辛苦的养育下长大。孔丘年幼时，刻苦学习儒书，后成为一个十分渊博的"礼教"专家，有不少人都跟着他学习，拜他为师。

在政治方面，孔丘有自己独特的见解。他主张治理国家要以德治国，君主们要懂得使用贤能的人。

🔴 孔子

同时，每个人都要安守自己的本分，处在自己应有的阶层上，不能"僭越"。思想上，他主张人要讲究道德观念，要注重内心的修养。很多诸侯国的国君听说了孔丘，都想聘用他。但是孔丘主张安守自己本分的理论，使想称霸诸侯的国君非常抵触。所以，孔子游历了很多国家，都没有人肯用他。

就这样一直到了孔子五十多岁的时候才出来做官。这一时期，鲁国的三桓政权已经确立。虽然他们联合起来夺取了鲁国国君的权力，但三桓家臣的力量也日渐膨胀。其中最杰出的一位是季孙斯的家臣阳虎，他不但把季孙斯压下去，还把其他二桓也压下去。后来，阳虎出任鲁国的相国，并亲自拜访孔丘，并邀请他，但被孔丘拒绝。

公元前 502 年，季孙斯讨伐阳虎取胜，任命孔丘担任中都宰（掌管刑事的地方

官），孔丘的政治生涯由此开始。

孔丘在政治方面也很有能力。公元前500年，孔丘随鲁定公赴夹谷之盟。他的"文功武备"成功保护了鲁定公的人身安全，维护了鲁国尊严，还争取回了鲁国之前被齐国夺取的部分土地。孔丘这次的卓越表现让鲁定公非常满意，对他更加信任。

春秋后期，各国公室力量式微，卿大夫势力强盛，随之而来的是卿大夫家臣的势力膨胀。家臣反叛的事情在各国多有发生，鲁国也一样。鲁大夫叔孙氏、季孙氏各自的家臣都曾有过叛乱，这让两家颇感头疼。担任鲁国大司寇的孔丘一直想扶强公室，主张削弱卿大夫势力，他希望借着"堕三都"的机会实现这个目的。于是向两家提议：家臣之所以嚣张，主要因为他们有自己的地盘和武装。要想消除后患，只有破其城垣，毁其武力才可，三桓信以为然，委以孔子办理此事。

孔丘先堕叔孙氏之郈，再堕季孙氏之费，只有最后围攻成的攻势功败垂成。之后，孔丘又以行"五恶"之罪，惑乱人心为由，诛杀了鲁大夫少正卯。孔丘

《孔子圣迹图》反映孔子生平事迹。纵29.2厘米，横35.7厘米，现流落于美国圣路易斯美术馆。

治理下的鲁国颇有起色，引起齐人警惧。

齐国看鲁国日益强大，齐景公便让人选了一批美女和乐工送给鲁国。鲁定公果然中计，整日沉迷在美女和音乐当中，不理国事，也渐渐疏远了孔丘。孔丘看见鲁定公贪恋酒色，就决定离开，又开始周游列国。楚昭王听说了孔丘的才干，派人来请他，陈、蔡两国的大夫怕楚国因得到孔丘而强大，对自己不利，派人把孔丘围堵了三天。虽然最后孔丘摆脱了陈、蔡两国的围堵，但最终楚国的大臣们还是没能接受他。

孔丘在外辗转流亡了十多年，一直在寻求一个能够复古的国度，恢复周礼，但一直没有找到。回到鲁国时，孔子已经老了，便放弃了从政的念头，开始致力于研究学问和教授学生。后人把他的言论进行了整理，编成《论语》。他的理论学说成为后来的儒家学派，他的学生和弟子有3000人，后人尊称他为孔子。

【中国历史知识小词典】

鲁国三桓执政

鲁国第十五任国君鲁桓公姬允被尊称为桓公，他的三位后裔季孙氏、孟孙氏和叔孙氏被称为三桓。公元前6世纪开始，三大家族轮流掌握鲁国政权，世代相传，遂开始鲁国为期很长的三桓政治，三桓从国君手中夺取到政权和广大土地的所有权，而鲁国国君则被架空。

中国通史经典故事

吴越相争 ▶▶▶

№ 075

春秋末年，江浙一带的吴、越两国迅速崛起，在春秋争霸的最后一刻粉墨登场。在晋楚相持不下时，吴国成长为楚国背后一个不得不提防的对手，初生牛犊不怕虎的吴国以咄咄逼人的气势狠狠地打击了一下楚国。就在晋楚两国的兵戈之声逐渐消失，吴国踌躇满志之时，名不见经传的越国突然在吴国身旁冒了出来。于是，新的一轮争霸赛在吴越两国间拉开大幕。

吴国是公元前 12 世纪—前 473 年，位于长江下游的一个古国，据考证吴国是周朝的姬姓封国之一。吴国在春秋末期逐渐崛起，在晋悼公复霸之际为晋国所用，成为晋国安插在强楚背后的一枚制衡棋子。晋国不仅与吴国结成战略联盟，还帮助吴国振兴国力，助其打造出一支强兵劲旅，年轻而强壮的吴国逐渐成长为一股真正敢于抗衡楚国的新生力量。

公元前 515 年，公子阖闾在伍子胥的帮助下刺杀了吴王僚，登基即位，伍

😊 春秋时期军事家孙武

子胥被吴王阖闾委以重任。不久，伍子胥将自己的好友，从齐国投奔吴国的孙武引荐给吴王。吴王阖闾雄心勃勃欲向长江中游发展，灭掉楚国，问鼎中原。孙武把自己的兵法思想呈给他看，吴王看后拍案叫绝。为了检验一下孙武的实力，他召集了 180 名宫女交给孙武训练。

孙武秉公执法，严格要求，斩了两名不听话的队长。吴王见识到了孙武的能力，拜他做将军。

公元前 506 年，吴王阖闾率军在柏举（今湖北麻城东北）击败楚军主力，继而占领楚都，为其称霸中原奠定了坚实的基础。正当吴国雄心勃勃，意欲争霸中原之时，一个比吴国更落后的部落王国——越国在江浙一带悄然兴起。

公元前 496 年，越族酋长勾践突然宣称自己不再是酋长，而是越国的国王。吴王阖闾大为震怒，决心教训一下不知天高地厚的越国甚至要灭掉它。

第二年，吴王阖闾不听伍子胥的劝告，亲自出兵伐越。谁知祸不单行，吴王不仅战败，自己也在战争中丧了命。其

一回到越国，勾践就开始卧薪尝胆的生活。他一面仍毕恭毕敬讨好吴国，另一面专心国事，抓紧训练军队。与此同时，勾践还想方设法削弱吴国的实力。给吴王夫差献上了众多美女，其中一位就是西施，让夫差耽于美色，罔顾国事。看到夫差在建设姑苏台，他又派人送去了更多的木料以扩大建设的规模，加大吴国人力、物力的消耗。而越国国内却在秘密地重整军备，以随时攻讨吴国。

伍子胥劝说夫差，夫差非但不听，反倒觉得伍子胥碍眼。伯嚭趁机以莫须有的罪名诬告伍子胥叛国，夫差一怒之下赐伍子胥一死。伍子胥临死前对家人说："等我死了，把我的眼睛挖出来挂在东城门上，我要亲眼看越国的军队打来！"

公元前482年，越王勾践趁吴王在黄池（今河南封丘）与晋定公、卫出公和鲁哀公会盟之际，突袭吴国。包围姑苏，焚烧姑苏台。公元前472年，越国再次伐吴。吴国兵溃如山倒，夫差带着三个儿子出逃，被围，自刎而死，越随即灭吴。

盛极一时的吴国霸权就此结束。越国从此强大起来，但在勾践之后，很快又衰落了。

吴王的两名宠姬是队长，因其不听指挥，孙武要斩了两人，吴王阻拦。孙武说："将在外，君命有所不受。"照旧斩了两名队长，其他宫女都肃然起敬，再不吱声。

子夫差继承了王位，之后，夫差怀着满腔仇恨，勤加练兵，一心要灭越报仇。

公元前494年春天，夫差亲自率领大军攻打越国，大败越国。越王勾践听从了大夫文种的建议，给吴王献上了美女和黄金，希望讲和。文种还带着很多礼物买通了吴国的相国伯嚭，让他劝说夫差。伯嚭取得了夫差的信任，向夫差提议饶过勾践夫妻，保全越国。老相国伍子胥坚决主张把越国并入版图，杀了勾践。但夫差置若罔闻，而听信伯嚭。

越王勾践成为吴国的人质，带着家室和大臣范蠡来到吴国，任劳任怨、做牛做马。有一回，夫差生病了，勾践在探视夫差的时候，称通过粪便可以辨别病情，并把夫差的粪便放在嘴里品尝，以察病症。他的行为感动了夫差，忍辱负重做了三年人质后，勾践被放回越国。

【中国历史知识小词典】

越王勾践剑
越王勾践剑是中国历史上一把非常有名的剑，即使到现在，它还是众多学者研究的对象。这把剑长55.6厘米，其中剑身45.6厘米，剑宽5厘米。虽然在地下埋藏了两千多年，但它的锋利丝毫没有受到岁月的侵蚀，竟然能划破二十余层纸。